中公新書 2388

吉川 洋著

人口と日本経済

長寿、イノベーション、経済成長

中央公論新社刊

はしがき

1990年代の初めにバブルが崩壊すると、日本の経済と社会は長いトンネルに入った。以来、四半世紀に及ぶ閉塞感の原因は一つではない。しかし、21世紀もすでに6分の1が過ぎ去ろうとしている今日、ネガティブな要因として常に挙げられるのが人口減少である。

本書は、21世紀の日本を考えるときのキーワードとも言える人口について、経済との関係で考えてみることを目的としている。人間の歴史の総決算とも言える人口は、複雑な現象であり、既存の学問一つでは到底全貌を明らかにすることはできない。本書はあくまでも経済と人口の関係についてのエッセイである。

経済学という学問が確立された18世紀のヨーロッパは、人口爆発の時代でもあった。当然、アダム・スミスをはじめ経済学者たちは人口について活発な議論を展開した。その中でもとりわけ有名なのは、人口を論じるときに誰もが思い出すマルサスの『人口論』である。第1章では、人口の歴史を簡単に振り返った後に、18世紀のマルサス、同じくイギリスで20世紀前半に人口減少が経済に与える影響を論じたケインズの議論、さらに、他国に先駆けて人口問題の解決に取り組んだスウェーデンの経済学者たちを紹介することにしたい。

人口については古来、「多すぎる」「少なすぎる」、相反する立場からさまざまな議論がなされてきた。しかし今日の日本では、人口減少はすでに多くの問題を生み出している。とりわけ深刻なのは、社会保障・財政と、地域社会に与える影響である。第2章では、そうした問題について考える。

人口減少は確かに重大な問題なのだが、その一方で、わが国では日本経済の経済成長について「人口減少ペシミズム（悲観主義）」が行きすぎている。第2章の後半で詳しく説明するとおり、先進国の経済成長を決めるのは、人口ではなくイノベーションだからである。働く人の数が減るから経済成長は無理、せいぜいゼロ成長がよいところだ、という人がいる一方で、逆にAI（人工知能）の発達により人間の働く場が次々に奪われていくのではないか、と危惧する人もいる。第2章ではこうした問題についても考えてみることにしよう。

ヨーロッパでは19世紀の終わりから人口減少の傾向がはっきりとしてきた。これはマルサスの「人口の原理」に反する。1人当たりの所得が上昇すると、子どもの数が増え、人口は増大する。これこそが「人口の原理」である。マルサスにインスピレーションを得たダーウィンの『種の起源』以来、生物の世界でも、食料が増えれば生物の数は増えるというのが常識だ。ところが人間の社会では、所得水準が高い国々で人口が減り始めたのである。それと並行して、かつてマルサスが強く否定した著しい寿命の延びが始まった。「格差」と言うと、まず所得の格差を思い浮かべるが、実は寿命の「格差」も存在する。寿命の延びは、イノベーションとも密接に関係した問題である。第3章では、人口の減少と寿命について検討してみることにしたい。

人口にしても寿命にしても、それに大きな影響を与えるのは「1人当たり」の所得である。1人当たりの所得を上昇させるのは、「イノベーション」だ。これが先進国の経済成長を生み出す源泉である。

とは言うものの、そもそも経済成長は望ましいことなのか。経済成長に意味はあるのか。これは古くからある問いである。経済学の世界では、19世紀の知の巨人ジョン・スチュアート・ミルの「ゼロ成長論」がよく知られている。こうした問題を突き詰めて考えていくと、人間にとって経済とは何か、という本質的な問いに導かれる。21世紀の日本が答えを出さなければならない問いだ。これが第4章のテーマである。

（本文中の引用文は新字体、現代かなづかいに改めた）

目次

第1章　経済学は人口をいかに考えてきたか

「人口問題」、これは21世紀の日本にとって最大の問題である。

２０１２年1月に公表された国立社会保障・人口問題研究所の将来推計人口（出生中位）によると、日本の人口は２１１０年に４２８６万人になる。２０１５年の人口は1億２７１1万人（15年国勢調査）だから、これから１００年でわが国の人口は約３分の１にまで減少する。これほど大きな人口の変化は私たちの暮らす日本の経済・社会に大きな影響を与えるに違いない。一つの社会に生きる人間の数、すなわち人口は、その社会にとって最も基本的なデータだからだ。

第1章では、まず人間の歴史を通して人口はどのように推移してきたのか、そのことを簡単に見た後に、経済学が人口についてどのように考えてきたのか、振り返ってみることにしたい。

日本の人口

まずはわれわれの住む日本の人口を見ていこう。日本の人口に関しては、戦前から多くの学者が人類学の知見等も用いながらさまざまな推計を試みてきた。

例えば、大正時代には、日本の人口につき先駆的な推計を行った澤田吾一(ごいち)という異色の学者がいた。澤田は、東大の物理学科を出た理学士として東京高商（現一橋大学）の教授まで務めた数学者だったが、1920年に60歳を前に一念発起、東大文学部国史学科に再入学し文学士となり、奈良時代の人口の推計に残りの人生を捧げた。1郷当たりの納税者（17歳から65歳までの男子）数、全国の郷数、全人口に占める成年男子の比率などを拠り所として、澤田は奈良時代の人口を600万人と推計した。図表1‐1にある451万人は澤田推計より少ないが、これはその後の研究を反映したものだろう。

なお、こうした数字は、いずれにしても1200年の時を隔てた後世の推計だが、奈良時代の中央政府は、リアルタイムで日本の全人口を把握していた。わが国では7世紀末、持統天皇のときから全国の戸籍が6年ごとにつくられ、氏名、年齢、性別、家族関係まで詳しく記した文書が、国司から中央の中務省と民部省にそれぞれ送られていた。6年に1度の戸籍に加えて、課税目的のために「計帳」という統計も毎年つくられ、これを基に民部省の主計官が予算編成を行っていたのである。このように奈良時代には、戸籍を通して全人口調査が6年ごとになされていたが、9世紀になると、戸籍は12年ごと、数十年に1度となり、やがて10世紀に途絶した。その後、長いブランクがあり、江戸時代の人別改などを経て、明治時代の近代的人口調査へとつながった。人口調査の歴史は、奈良時代が中央集権的古代国家のピークであったことを如実に示している。

図表1－1　日本の人口の推移

西暦（年）	時代、元号	人口（人）
紀元前5200	縄文前期	10万6000
紀元前4300	縄文中期	26万0000
紀元前3300	縄文後期	16万0000
紀元前2900	縄文晩期	7万6000
紀元前1800	弥生時代	59万5000
725	奈良時代	451万2000
1150	平安末期	683万7000
1600	慶長5年	1227万3000
1721	享保6年	3127万9000
1798	寛政10年	2987万0000
1834	天保5年	3262万6000
1873	明治6年	3229万7000
1890	明治23年	4131万0000
1920	大正9年	5596万3000
1950	昭和25年	8389万8000
1975	昭和50年	1億1194万0000
1995	平成7年	1億2557万0000

出所）鬼頭（2000）

さて日本の人口については、歴史人口学の専門家による優れた解説書も存在する。鬼頭宏（２０００）『人口から読む日本の歴史』によると、日本の人口の推移は図表１－１のとおりである。

縄文時代の終わりにかけては、寒冷化により落葉樹林で採れる木の実が減ったことなどが原因で人口が大きく減少したと考えられている。その後断片的にせよ記録の残されている奈良時代以降について見ても、人口が大きく伸びた時代だけではなく、逆に停滞した時代もあった。江戸時代に入って最初の１００年、17世紀には人口が大きく増えたが、18世紀に入り、８代将軍吉宗の享保時代から幕末まで人口は停滞した。

明治になってからは、再び爆発的と言えるほどのハイペースで人口が増加した。しかし、１９２０年代に入ると、都市部から少子化が始まる。戦争直後（１９４７～49年）は一時的に人口爆発が起き、いわゆる「団塊の世代」が生まれたが、人口の増加率は１９７５年以降、急速に低下し、２００４年の１億２７７９万人をピークに、日本はついに人口減少時代に入った。

過去においても人口の微減はあったが、１００年で３分の１というように人口が激減した時代はない。われわれは、これから１００年、文字どおり歴史上、人類が経験したことのない人口減少の時代に突入する。

中国の人口

東洋、西洋いずれにおいても文明が発達したところでは、古くから人口に関する記録が残されている。

今日、世界最大の人口13億7000万人を擁する中国では、秦（紀元前221〜紀元前206年）以前の人口ははっきり分からない。しかし、早くも前漢平帝の元始2年（西暦2年）の人口が「漢書地理志」に記されている。班固の編纂した『漢書』は、司馬遷の『史記』に次ぎ歴代王朝「正史」の中で2番目に古い歴史書であり、「地理志」には日本に関する最古の記録も登場する。「夫れ楽浪海中に倭人有り、分れて百余国と為る」。日本史の教科書で見た記憶のある読者も多いだろう。「倭人伝」として女王卑弥呼の治める邪馬台国について記した、有名な『魏志』は3世紀の書物だ。『漢書』はそれより200年ほど前に書かれた書物である。

「漢書地理志」によれば、西暦2年、漢の「戸」すなわち世帯数は1223万3062、「口」すなわち人口は5959万4978人であった。わが国の奈良時代の戸籍について先に述べたが、中国ではそれより700年遡る漢代には既に戸籍があっただけではなく、毎年

８月に「案比」あるいは「算人」と呼ばれる人口調査も行われていた。毎年のように人口調査をしていたのは、好奇心などからではなく、ほかでもない「算賦」と呼ばれた人頭税を正確に賦課するためだった。国家が古くから人口に関心を持ったのは、何よりも課税と徴兵という二つの必要があったからである。

加藤（１９４４）によって、「漢書地理志」に始まる歴代正史からいくつかの年を拾い出し、中国の人口の推移を見ると、図表１－２のようになっている。

図表１－２　中国の人口の推移

西暦（年）	王朝名、皇帝名、元号	人口（人）
2	前漢、平帝、元始２年	5959万4978
57	後漢、光武、中元２年	2100万7820
726	唐、玄宗、開元14年	4141万9712
1110	宋、徽宗、大観４年	4673万4784
1578	明、神宗、万暦６年	6069万2856
1792	清、高宗、乾隆57年	3億 746万7279

出所）加藤（1944）

一口に中国と言っても、地理的な版図も変わったし、正史に記された中国の人口がどこまで正確であるかには、当然議論の余地がある。したがって、今日もなお専門的な研究がなされているが、にもかかわらず、われわれはそこに人口の大局的なダイナミズムを見てとることができる。

とりわけ西暦２年から57年にかけて、わずか50年ほどで人口が３分の１まで減少しているのは、統計の精度を考慮に入れてもやはり、この間に内乱で生じた殺戮（さつりく）・飢饉（ききん）の結果、著しい人口減少が起きたと考えざるをえない。実際、後漢末、混乱の時代を生きた蔡琰という詩人の「悲憤詩」には、この当時の社会の混乱があますところなく描かれている。北方の異民族に連れ去られた後、ようやく帰国して見た祖国、中国北部は「白骨不知誰　従横莫覆蓋」（誰のものだか分からない白骨が至るところに散乱している）というほどひどい有様だった。こうした中で人口が激減。長い人間の歴史には、確かにこうした時代があったのである。

その後、唐代にかけて650年間に中国の人口は倍増した。平均すると年率0・1％以上の増加率である。しかし、唐から宋にかけての400年間は、正史の記す数字に基づくかぎり、年平均増加率が0・03％にも達せず、人口の増加はきわめて緩慢だった。

東洋史の碩学として知られる内藤湖南は、中国史の時代区分において「近代」は宋に始まるとしたが、宋代に入ると経済は発展し、人口は再び「爆発」とも言えるほどに著しく増大した。人口の増加を支えたのは、農業技術の発達だけではなく、何でも食材として利用する調理法の発達もあった。今日なお世界中どこに行ってもお目にかかる「中国料理」である。中国では、食材のバラエティが群を抜いて大きかったのに加え、香辛料などでも独特の工夫が見られた。薬の世界における漢方薬に匹敵するような発達が、料理においても見られたのである。これが人口の増加を支えた。とりわけ宋代には、経済的に豊かな江南での人口増加が著しかった。北宋の時代に中国の人口は、歴史上初めて１億人を超えたが、南宋に入り１２１０年代にピークを迎え、その後人口は減少した（伊原・梅村〔１９９７〕）。

しかし、最後の帝国、清代になると、中国は周辺地域を自らの版図に加えたことがあったにせよ、「爆発」とも言えるような人口増の時代を迎え、最盛期乾隆帝の時代（１７３５〜95年）には３億人の人口大国となった。技術進歩の恩恵もあり農業生産が増大する一方で、税負担は軽減され人々の生活が豊かになったことが、18世紀、中国における人口増加をもたらした（Ho〔1959〕）。

１９４９年に中華人民共和国が成立してからは、死亡率の低下とともに人口が再び激増し、１９７９年までわずか30年で５億人から９億人へと１・８倍になった。当時の絶対的指導者、毛沢東は、人口を国力の指標ととらえていた。しかし、食料の増産が追いつかない中、中国政府は１９７９年から厳格な人口抑制策、いわゆる「一人っ子政策」を導入した。それでも今日、中国の人口は13億７０００万人、誰もが知る世界一の人口大国である。

13億人の人口をもてあまし、極端な「一人っ子政策」まで導入した中国だが、２０１５年秋の中国共産党中央委員会で、30年以上続けてきた「一人っ子政策」は撤廃された。こうした大転換の背景としては、年率10％の経済成長という「高速成長」の時代が終わり、年率

7%程度の「新常態」（ニューノーマル）と呼ばれる「中高速成長」への移行が大きな課題となったことがある。成長率が低下する中で、中国では21世紀中に高齢化が急速に進む。目標に掲げる7%成長を実現するためには、働き手の数を増やす必要がある。これが政策変更の背景である。

世界の人口

われわれに身近な日本と中国の人口について見たが、人類が700万年前アフリカに誕生して以来、地球全体の人口はどのように変化してきたのだろうか。世界の人口は、全体として見れば、歴史を通して増加してきたが、増加ペースの違いから大きく三つの時期に区分できる（リヴィ－バッチ［2012］）。

最初は、700万年前と言われる人類誕生から旧石器時代までである。この時期の人口は当然、いくつもの仮定に基づく粗い推計にすぎない。しかし、紀元前3万5000年から3万年まで旧石器時代の全世界の人口は、最大でも数十万人を超えることはなく、年平均の増加率は0・01%に達しなかったと考えられている。増加していたとは言え、そのペースはきわめて緩慢だった。人口が2倍になるためには8000年以上という気の遠くなるような年月を要したのである。

大きな変化が生まれたのは、紀元前1万年頃に始まった新石器時代の到来である。新石器を手にした人間は、大きな木を切り倒すことができるようになり、農業と牧畜が始まった。それまで狩猟採集をしながら移動生活をしていた人類は、農業と牧畜により食料供給を自らコントロールするとともに定住した。今日の経済学の言葉を使うなら、それによって1人当たりの所得水準は飛躍的に上昇したに違いない。だから人口増加率が高まったのだが、意外なことに、定住によって死亡率が高まったという説もあるようである。後に見るとおり、20世紀に入るまで、人が密集する都市は田園地帯に比べて人の生存には不利な場所であった。良好な衛生状態を保つためには、この時代、移動生活は定住より有利な面を持っていたのかもしれない。新石器時代、人類が定住することにより死亡率が高まったというのが、たとえ事実であったとしても、出生率がそれを打ち消して余りあるほどまで上昇したため、いずれにせよ人口は増加した。増加率は年平均0・04%まで高まった。このペースだと、人口は2000年足らずで2倍となる。こうして、新石器時代の始まった紀元前1万年には600万人程度だった世界の人口は、西暦1年頃には2億5000万人まで増加したのである。もっとも、この時代の平均寿命は20歳ということを知ると、複雑な気持ちになる。

紀元後に入ってからも、地域によっては人口が激減する時代はあった。例えば、紀元１０００年頃から人口が著しく増加したヨーロッパでは、１３４０年から１４００年までわずか60年で、「黒死病」と呼ばれたペストにより人口が３分の２まで減少した。３人に１人が死んだのである。しかし、全世界の人口は年率０・06％程度のペースで増え続け、18世紀中頃の「産業革命」前夜には7億５０００万人となった。

一大転機をもたらしたのは産業革命である。以来、今日に至るまで、産業の中心は農業から工業に移り、それまで人類が経験したことのないような持続的な「経済成長」が始まった。１人当たりの所得は飛躍的に上昇し、それとともにまさに「人口爆発」と呼ぶにふさわしい人口増加が生じた。年平均の増加率は０・６％、これはそれまでの０・06％のなんと10倍である。それから２００年で世界の人口は10倍となった。20世紀最後の年、２０００年には世界の人口は63億を超えていた。さらに、２０２５年には80億人、21世紀末には１００億人に達するだろうと言われている。

生物学者によると、体重60キロ程度の「雑食大型動物」の適正密度は、1平方キロメートル当たり１・５頭だそうだ。現在もアフリカ等で自然に近い狩猟生活をする人々の人口密度は１平方キロメートル当たり３人程度だそうだが、地球全体の平均人口密度は１平方キロメートル当たり44人になるのだから、「適正密度」のなんと30倍、明らかに人口は過剰なのだ（長谷川〔2015〕）。

日本では人口減少が大問題だが、地球全体で見ると、いまだに人口増加が問題なのである。人口減少は、グローバルな問題というより、日本を含む一部の国の問題と言えるのかもしれない。

過剰人口という悩み

長い人間の歴史を振り返ると、人口はある時代には急激に増え、また逆に人口が減少する時代もあった。こうした中、一方では人口が多すぎるという「過剰人口」が大きな社会問題であったこともあるし、現在の日本のように人口減少が問題とされることもある。

所得水準が人々の暮らしを支えるのに十分でなかった古い伝統的な社会では、しばしば過剰人口が問題になった。すでに古代ギリシアの哲学者プラトン、アリストテレスの著作に人口制限の必要が説かれている。わが国でも究極の「口減らし」とも言える「姥捨て」伝説は広く知られている。

明治になってからも、日本政府は、過剰人口問題を解決するための一つの方法として、海外への移民を奨励してきた。太平洋戦争の始まる直前1940年には、76万人の日本人が海外に居住していた（外務省『昭和15年海外在留本邦人調査』・木村健二「近代日本人の海外移民」〔表1〕による）。「在留本邦人」は、数年といった短期的滞在者を含む一方、移住後に帰化した人は除かれているから、正確には「移民の数」には対応しないが、概数を知ることはできる。

1930年、文藝春秋社を創立した文壇の巨匠、菊池寛は日に日に閉塞感の強まる時代の中で次のように書いた。

> 就職難、生活難など因って来るべき原因はいろいろあるだろうが、結局は人が多すぎるからだと思う。……就職難や生活難を緩和する方法は、人を少くするより外名案はない。なぜ産児制限を励行しないのか。これほど見易いことが即刻に行われないのが、実に不思議である。たまたま東京市などに目先の見える助役などがあって、産児制限事業を始めようとすると、内務省からヘンな医学博士が、ノコノコ出かけて行って、妨害をするのである。人多くして国亡ぶると考えられるのに、なぜ産児制限をしないのか実に分らない為政者であると思う。（「此頃の感想」『改造』昭和5年7月号）

1931年5月、満州事変直前に、関東軍の参謀であり事変の首謀者でもあった板垣征四郎大佐も、講演で日本が満州に進出する必要を訴え、その理由の一つとして人口問題を挙げていた。

> 帝国の国土狭小にして資源乏しく年々六十万の人口増殖に対し僅に二万の移民を海外に送りつつあるに過ぎず。（鹿島平和研究所編『日本外交史18 満州事変』鹿島研究所出版会）

こうした認識は戦後に引き継がれた。高度成長が始まった1955年に4人のマルクス経済学者、大内兵衛・有澤廣巳・脇村義太郎・美濃部亮吉によって書かれた『日本経済図説』（岩波新書）は、人口密度が世界第3位である「わが国土の人口扶養力は甚だ脆弱」だとした上で、次のように結論づけている。

> 以上のことからみるときわが国の就業状態はすでに限界点にあるといってよい。従ってなお累増する労働力人口に職を与えるためには現在の産業規模は更に拡大されねばならな

い。その実現如何では、失業者の増加はさけ難い。

戦後の過剰人口問題は、一段とその重要さを加えたわけである。（『日本経済図説』）

多すぎる人口を解決するために海外への移民を進めたのは、もちろん日本だけではない。19世紀から20世紀にかけて、アイルランド、イタリア、ドイツなどヨーロッパから「新世界」であるアメリカに、人々が移住したことはよく知られている。船底の3等客室でそうした人々が不安と希望を胸にアメリカへ渡っていく姿は、映画『タイタニック』にも描かれていた。

このように20世紀の前半まで、先進国ですら多くの国が過剰な人口に悩まされ続けてきたのである。もちろん例外がなかったわけではない。フランスでは、１８７０～71年、隣国ドイツとの普仏戦争に敗れた頃から「人口の少なさ」が深刻な問題となった。

さて、経済学者はこうした人口問題について、どのように考えてきたのか。それを見る前に、『人口論』の著者マルサス登場の機縁ともなった、18世紀から19世紀前にかけてのヨーロッパの人口増加について見てみることにしよう。

近代ヨーロッパの「人口爆発」

産業革命を通して、「近代的な経済成長」という「パンドラの箱」を開いた西洋の人口はどのようであったろうか。1750年、フランス、ドイツ、イギリスなど西欧にスウェーデンなど北欧を合わせた「ヨーロッパ」の人口は、6000万ないし6400万人だった。これを先に見た乾隆57年（1792）の中国の人口3億人と比べると、あらためて中国の人口の多さに驚かされるが、ヨーロッパの人口は1850年には1億1600万人まで増加した。100年でヨーロッパの人口はおおよそ2倍になったのである。これは年率に直すと平均0・7%の増加であり、「人口爆発」と言ってもよい。

こうしたハイペースの人口増加は、ヨーロッパではそれまでにも12〜13世紀、さらに15世紀後半から16世紀にかけて生じた。しかし、そうした時代の人口増加は、それぞれ14世紀、17世紀に飢饉や伝染病で止まり、人口は逆戻りすることになった。これに対して18世紀後半から生じた人口増加の特徴は、アイルランドにおける1840年代の飢饉などがあったにもかかわらず、ヨーロッパ全体で見ると「逆戻り」が生じなかったことである。この時代の人口増加については、比較的新しい学問である「歴史人口学」による詳細な研究の蓄積があるので、その成果を紹介する（Anderson〔1988〕）。

すでに述べたとおり、1750年から1850年まで100年間で、ヨーロッパの人口は6000万人から1億1600万人まで倍増した。その理由を出生率、死亡率に分解して見ると、事情は国ごとにかなり違う。死亡率のほうはどこの国でも100年間下がり続けたが、出生率の動きが国によってずいぶん違うのである。イギリスでは出生率が1750年に3・4％だったのに、1820年には4・0％まで上昇した。なお、歴史人口学では出生率を人口1000人当たり、1000分の1の数字で表すことが多い。しかしここでは、経済を議論するときに通常使われる100分の1、すなわち100人当たりのパーセントで表す。いずれにせよ、これは男や子どもも含めた「人口当たり出生率」であり、今日わが国で通常用いる「合計特殊出生率」、すなわち「1人の女性が一生の間に産む子どもの数」とは異なる概念である。

イギリスでは、出生率の上昇が人口の増加をもたらした。これと対照的なのがフランスだ。フランスの出生率は、1750年頃には4％とヨーロッパで最も高かった。しかし、100年後には2・5％とヨーロッパで最も低い水準まで低下した。フランスはこの間に革命、さらにその後のナポレオン戦争を経験した。ナポレオン戦争では多数の若いフランス人男性が戦死したと言われている。フランスでは出生率の低下が死亡率の低下を打ち消して、人口はほとんど増加しなかった。一方、スウェーデンなど北欧では出生率はほとんど変わらなかったが、死亡率の低下により人口が増加した。

このように18世紀から19世紀前半、「人口爆発」の時代のヨーロッパにおける人口増加は、国によりその背後にある事情はさまざまだった。人口動態は、簡単には説明できない複雑な現象なのである。

経済学者の人口観

とは言え、人口は古くから人々の関心を引いてきた。当然、多くの学者が人口を論じてきた。産業革命により経済が大きく変わる中、人口爆発を迎えた18世紀のヨーロッパで、新しい学問の担い手である経済学者たちが人口について論じたのは当然のことだった。

細かい議論を別にすれば、人口が多いことは社会の豊かさ、逆に少ないことは社会の貧しさの象徴だ、というのが当時の標準的な考え方だった。「経済学の父」とも呼ばれるアダム・スミス（1723〜1790）も、『国富論』（1776年）の中で次のように述べている。

いかなる国においても、その国の繁栄の度合いを表す最も明確な尺度は、人口の増加数

である。（『国富論』第Ⅷ章「労働賃金について」筆者訳）

人口の多寡そのものではなく「増加数」と言っていることに注意したい。ここでスミスは、（実質）賃金の「上昇」をもたらすのは、GDP（国内総生産）のサイズではなく、持続的な「成長」である、という議論もしている。

人口が増えることはよいことだ。そう信じていたのはスミスだけではない。経済学の歴史について浩瀚（こうかん）な書物を著したシュンペーター（1883〜1950）は、その中で、18世紀中頃まで経済学者は皆「人口膨張主義者」だったと書いている。

経済学者は、例外なく、人口が多いこと、人口が増えることはよいことだと考えていた。18世紀中頃まで、この点については他のどのような問題より意見の一致をみていたのである。人口の大きさ、人口の増加は、最も重要な富の兆候であるとともに、富を生み出す主要な原因でもあった。それどころか、人口は富そのもの——一国が持ちうる最大の資産とすら考えられていた。（『経済分析の歴史』第5章、筆者訳）

マルサスの『人口論』

そこに一石を投じたのがマルサスである。ヨーロッパにおける「大人口増時代」に生きたマルサスによる『人口論』(初版1798年)ほど後世に大きな影響を与えた書物はない。読者の多くもこの本の名前を聞いたことがあるに違いない。

ロバート・マルサス(1766〜1834)は、ルソーやヒュームとも親交のあった豊かな農場経営者の次男として、1766年イギリスのサリーに生まれた。ケンブリッジ大学のジーザス・カレッジに学び、卒業後はカレッジのフェローを経て故郷の牧師補となる。その2年後に、匿名で『人口論』の初版を刊行したとき、マルサスはまだ32歳で独身だった。その後、同時代の著名な経済学者デイビッド・リカード(1772〜1823)と数々の論争をしながら、『経済学原理』、『価値尺度論』などの著作を残したが、やはり若き日に書いた『人口論』が自身の代表作であるという思いがあったのだろう、60歳のときに刊行された第6版まで、30年近くの長きにわたり生涯この著作の改訂に努めた。もっとも、マルサスには気の毒なことに、ケインズ(1883〜1946)は、自らの師マーシャルの伝記の中で『人口論』につき次のように書き残している。

経済学でも、立派な学術書は教育上役に立つかもしれない。おそらく1世代に1冊くらいそうした書物も必要なのだろう。しかし現実の経済は絶え間なく変化するものであり、現実から遊離した経済理論がまったく不毛であることを思えば、経済学が進歩し有用であり続けるために、新しい経済学を構築しようとする者にとって書くべきものは、大部な学術書ではなく、むしろパンフレットなのだ。……マルサスはもともと論争的なパンフレットであった『人口論』を、第2版で学術書に変えたためにダメにしてしまった。リカードの偉大な仕事の多くは、折々にパンフレットとして書かれたものである。……経済学者たる者は、大著を書く栄光はひとりアダム・スミスに任せ、自らの生きる時代の核心をつかみ、パンフレットを風にまき散らすことを仕事としなければならない。たとえ偶然のいたずらで不滅の価値を勝ちえるようなことがあるにしても……（Keynes, J. M. "Alfred Marshall, 1842-1924" 筆者訳）

ロバート・マルサス
(1766〜1834)

ケインズが最も精彩があると評した初版『人口論』は、確かに批判の対象が明確な論争の書であった。すなわち、この本は、当時イギリス政府が進めていた「救貧法」（the Poor Law）の改革を真正面から批判するために書かれた本なのである。さらに自国のゴドウィン、革命後のフランスで活躍したコンドルセに代表される「進歩史観」をも全否定した。その際、自らがよって立つ基本が、有名な「人口の原理」にほかならない。

人口の原理

ヘンリー8世、エリザベス1世など16世紀のチューダー王朝から続く救貧法は、税を財源とする国家による貧者の救済で、わが国の生活保護のような制度であった。18世紀末、マルサスの生きた時代に、イギリス政府は貧しい人々への給付水準を引き上げる改革を行った。マルサスはこうした政府の改革案を痛烈に批判した。

牧師であったマルサスが貧しい人々の苦しみに無頓着であったはずはない。ケンブリッジに学んだ彼の批判はどこまでも理性的なものだ。批判のポイントとなるのは人口である。人口を論ずるにあたって若きマルサスは、まず二つの大原則から始める。

原則1、人が生きていくためには食料が必要不可欠である。

原則2、男女両性の性欲は今日同様いつまでも大きく変わることはない。（マルサス『人口論』、以下27ページまで筆者訳）

この二つは変えることのできない「自然法則」である。そうマルサスは宣言する。したがって、食料のあるところで人口は増えることになるのだが、そこに厳しい現実が待ち構えている。すなわち、人口は制御されないかぎり等比数列的に増えるのに対して、食料のほうは等差数列的に増えるにすぎない。マルサスは次のような数値例を挙げて、このことを説明している。

世界の人口を10億人としよう。人口は1、2、4、8、16、32、64、128、256、512等々と増えていく。それに対して、食料のほうは1、2、3、4、5、6、7、8、9、10等々と増えていくにすぎない。

これこそは、マルサスの『人口論』というとき、誰もが真っ先に思い浮かべる命題だろう。食料が十分にあるとき人口が等比数列的に増える、ということをマルサスは何の根拠もなく思いつきで言ったわけではない。人口の増加に有利な条件が満たされている例として、マルサスはアメリカに注目した。イギリスの植民地がアメリカ合衆国として独立を宣言したのは1776年、マルサスが10歳のときである。ニュー・イングランドと呼ばれる北部諸州では、人口は25年ごとにおよそ2倍に増えた。この25年で2倍という数字を用いてマルサスは、人口と食料が当初釣り合っていたとしても、やがて乖離することを次のように説明している。

225年経つと、人口の食料に対する比率は512対10。300年経てば4096対13となるのである。

数量的方法

マルサスが『人口論』初版を刊行した1798年は、日本では江戸時代も200年近く経った寛政10年である。経世家と呼ばれた儒者により経済や政治に関する多くの著作が刊行されていた。しかし日本では、和算や天文学の世界とは異なり、およそ社会、経済に関する議論に数字の裏付けが与えられることはほとんどなかった。もっぱら思弁的な議論にとどまっていたのである。

これに対してイギリスでは、早くも17世紀後半にウィリアム・ペティ（１６２３～１６８７）が『政治算術』（１６９０年）を著し、人間社会の出来事についても自然と同じように定量的な分析を行わなければならないと主張していた。医師でもあったペティは、ニュートンらとともに王立学会の創設にかかわった万能型の人物だが、数量化は物理学にとどまらず、この時代、人間の社会についてもキーワードとなっていた。ここが当時の日本（東洋）とヨーロッパの大きな違いである。

ペティは書いている。

著者の立論の方法と態度――私がこのことをおこなうばあいに採用する方法は、現在のところあまりありふれたものではない。というのは、私は、比較級や最上級のことばのみを用いたり、思弁的な議論をするかわりに、（私がずっと以前からねらいさだめていた政治算術の一つの見本として、）自分のいわんとするところを数（Number）・重量（Weight）または尺度（Measure）を用いて表現し、感覚にうったえる議論のみを用い、自然のなかに実見しうる基礎をもつような諸原因のみを考察するという手つづき（Course）をとったからであって、個々人のうつり気・意見・このみ・激情に左右されるような諸原因は、これを他

の人たちが考察するのにまかせておくのである。(『政治算術』大内兵衛・松川七郎訳)

マルサスの考察はまさにこうしたペティの精神を継承したものである。アメリカをはじめ多くの国々における人口の増加、そしてイギリス農業の現実をふまえた数字に基づき、マルサスは、食料を究極の要因とする何らかの抑制が働かなければ、人口は等比数列的に増加すると確信した。

人口の抑制は現実にはどのようにして働くのか。子どもを産んでも育てられないのではないかという恐怖心、それによる晩婚化、非婚化が人口を抑制するとマルサスは言う。こうした抑制は社会の中で貧しい階層において働くはずである。現実に、下男・下女の多くが未婚であることに触れた後、マルサスは、未婚者の数を全人口で割った「未婚率」を調べれば、その国の人口が増えているか減っているかを知ることができる、と言っている。注意深く、未婚率はあくまでも人口の「増減」にかかわるものであり、人口の多寡すなわち「水準」には関係ないとも言っている。

ここから救貧法改革への批判が始まる。救貧法を改革し給付の水準を引き上げるのは、言うまでもなく、それによって貧困にあえぐ人々の生活水準を上げるためであった。しかし、マルサスは次のように言うのである。

給付水準の引き上げが一時的に貧しい人々の生活水準を上げることがあったとしても、いやむしろそうした効果が大きければ、結局人口を増加させるだけで、彼らの生活は以前と変わらぬ悲惨な状態に戻らざるをえない。マルサスはこう主張する。食料の総供給が変わらないかぎり、貧しい人々へ所得を再分配しても、彼らの生活状態が長期的に改善することはありえない。マルサスの「辛口」の議論はさらに続く。家族をしっかり養うことができないのに、結婚する人が増え人口が増加すれば、最後には飢えや病気により人口が抑制されることにならざるをえない。そうした悲惨さに比べれば、貧しい人々が始めから家族を養うことの難しさを見通し、結婚をあきらめることによって、人口が抑制されるほうがはるかによい。

マルサスの議論を支える骨太の論理は、『人口論』の中ほど（第7章末）で再度簡潔に要約される。すなわち「人口の増加は必然的に食料により制約される。食料が増えれば人口は必ず増加する。人口増加圧力を抑え、現実の人口を食料の供給とすり合わせるものは、貧困と悪徳である」。こうしたマルサスの議論を後にマルクス（1818～1883）は罵倒した。

交易条件をめぐって

マルサスは、アダム・スミス、デイビッド・リカードと並んで、イギリスの古典派経済学を代表する経済学者である。人口が増加するためには食料の総供給量が増えなければならない。食料が増えるためには何が必要か。『人口論』では、賃金・物価も含めた若きマルサスのビジョンが示されている。とは言え、ケインズが指摘したとおり、初版『人口論』の魅力は、「若書きの経済学」よりもなんと言っても論争の書としての鋭さにある。

ここでは『人口論』の経済学には立ち入らないが、一つだけ触れておきたいことがある。食料の供給は人口の増加に追いつかない。これこそが『人口論』の基本テーゼだ。ところで、増加する人口の多くは、産業革命により新たに誕生した「工業」部門で生計を立てている。農業の生産は、マルサスが等差数列の例を用いて強調したように成長が緩慢だが、工業は農業と違いハイペースの成長が可能である。イギリスは得意の工業で生産したものを土地の潤沢な「新世界」に売り、そこでつくられた食料を輸入したらどうか。そうすればイギリス国内の狭い土地に制約されず、輸入農産物により多くの人口を養うことができるのではないだろうか。

マルサスにとって生涯の論敵となったデイビッド・リカードは、まさに「自由貿易」がイギリスにもたらす利益を説いた。すなわち、イギリスは国際競争力のある工業に特化し、工業製品を輸出する一方で、外国から農産物を輸入すればよい。こうした立場から、小麦など農産物に対してかけられていた高い関税を撤廃することを訴えた。

これに対してマルサスは、あくまでも関税によって国内農業を保護するべきだと主張した。そうしたマルサスの主張の背後にあった考えは、次のようなものだ。なるほど工業製品を輸出して農産物を輸入すれば、「一時的に」国内で消費できる食料を増やすことができる。しかし、規模を拡大しても生産性があまり落ちない工業と違って、土地の潤沢な「新世界」においてすら、新しい土地が開拓されていくにつれて農業の生産性は次第に低下する。その結果、農産物の価格は工業製品の価格に比べて上昇していく。一般に、生産性が低いモノやサービスの価格は、生産性が高いモノの価格に比べて高くなる。例えば、多くの家電製品の価格が低下していくのに対して、理髪店などサービスの価格は相対的に上昇していく。

イギリスが工業製品を輸出する一方、農産物を輸入するなら、やがて農産物価格の上昇により次第に不利な「交易条件」で貿易せざるをえなくなる。交易条件とは、ある国が輸出財を１単位外国に渡したとき、交換にどれだけの輸入財を手に入れることができるかを表す交換比率である。具体的には、輸出財価格を輸入財価格で割った輸出入財の価格比にほかならない。イギリスの場合には工業製品価格／農産物価格が「交易条件」である。マルサスは、これが長期的にイギリスにとって不利化すると考えた。したがって、農産物の輸入は人口問題の根本的な解決策にならない。実は21世紀日本経済の長期停滞においても、交易条件の悪化が一役買っているのである。

人間の社会は進歩するか？

さて、『人口論』の後半では、論争の矛先は救貧法からゴドウィン、コンドルセらの「進歩史観」、理想としての「平等社会」に向けられる。

イギリスのゴドウィン、フランスのコンドルセは、人間の社会は「進歩」するものだ、という思想を高らかにうたいあげた。これに対して、人口と食料の間の格闘とも言える人間の歴史は悲惨と悪徳に満ちたものであり、決して進歩などしない、と考えるマルサスは、ゴドウィン、コンドルセの進歩史観を一蹴した。

『人間精神進歩史』を書いたコンドルセはフランス革命後の混乱の中で命を落とした。自由・平等・博愛を掲げた革命の熱狂的な支持者に対するマルサスのまなざしはあくまでも冷ややかだ。

世界でもっとも文化が発展した国のひとつで、しかも数千年の歴史を経た後に、もっとも野蛮な時代のもっとも未開の民族ですら恥ずかしく思うほどの、醜悪な熱狂、恐怖、残酷、悪意、復讐、野心、狂気、愚劣が沸き起こり、人間精神を下落させているのだ。人間精神は必然的、不可避的に進歩するという思想をもつ者にとって、それを見るのはたいへんショックだったはずだ。そういう現象を見ても、ただひたすら自分の主義は正しいと固く信じることによってのみ、ようやく持ちこたえられたのだろう。（マルサス『人口論』、以降は斉藤悦則訳）

辛辣(しんらつ)である。そもそもフランス革命そのものが、マルサスに言わせると「愚行の極み」なのだ。

フランス革命には二つの見方がある。一つは、封建的な圧制のくびきから人類を解放し、近代社会の扉を開いたというポジティブな見方だ。今日なお人間が理想とすべき自由・平等・博愛を高く掲げたフランス革命に対する、こうしたポジティブな評価が日本では優勢かもしれない。

これに対して、それを人類の歴史的愚挙として真っ向から否定するのが、『フランス革命の省察』（1790年）を書いたエドモンド・バークやマルサスに代表されるイギリスの保守主義者たちである。人間の理性には限界がある以上、理性に導かれて理想的な社会を建設しようという試みは必ず挫折する。社会の拠り所とすべきものは、長い歴史の流れの中で濾過された英知、すなわち「伝統」である。

とりわけマルサスが『人口論』の中で攻撃しているのが、コンドルセ、ゴドウィンらが理想とした「平等社会」だ。マルサスは、人口と食料のせめぎ合いという「自然法則」の下で不平等は不可避だと言う。

じっさい、われわれにとって不可避の自然法則により、人類のある部分は欠乏に苦しまなければならない。彼らは、人生という宝くじで、空くじを引いた不幸なひとびとである。扶助を求める人の数は増え、彼らに供給できる剰余生産物はそれに追いつけない。

何ともあっけらかんとしたものだ。さらに進んで彼は言う。

利己心ではなく博愛が社会を動かす原理になれば、その美しい名前から期待されるような幸せな結果は生じずに、いまは一部の人だけが感じている欠乏の重圧を社会全体が感じるようになる。人間の気高い才能が開花し、微妙で繊細な感受性がさらに向上するのは、じつは確固たる所有の制度のおかげであり、一見いかにも偏狭な利己心という原理のおかげなのである。じっさい、文明国が未開状態と区別されるのも、すべて所有の制度と利己心のおかげなのである。文明人は、現在の高みへ登ってくるときに用いたハシゴを、もはや不要として投げ捨ててよい段階に達しているといえるだろうか、あるいはやがて達するといえるだろうか。人間の性質は、けっしてそういえるほどには変化していない。

マルサスによれば、もし人口と食料が同じペースで増え貧困が存在しなかったら、おそらく人類は怠惰をむさぼり、野蛮から抜け出すことはなかったに違いない。貧困のプレッシャーがあったればこそ、人間は努力し文明を進歩させてきた。

マルサスは人口と食料の不均衡、人口を抑制するメカニズムとしての貧困を「自然法則」と呼んだ。『人口論』を読んでいると、この本が人間社会に関する本であるにもかかわらず、マルサスの人間社会を見る目が、どこか虫の世界を見るかのような感じがしてくる。実際、この本から大きなインスピレーションを得て、生物の進化に関する不朽の書物を著したのが、ほかならぬチャールズ・ダーウィン(1809~1882)だった。ダーウィンは、『種の起源』(1859年)の序文で次のように書いている。

第3章で論じるのは、この世のすべての生物が、指数関数的な高い増加率をもつ結果として経験することになる「生存闘争」である。これは、マルサスの原理を動物界と植物界の全体に適用した議論である。どの生物種でも、生き残れる以上の数の子どもが生まれてくる。しかもその結果として、生存闘争が繰り返し起こる。(ダーウィン『種の起源(上)』渡辺政隆訳)

ダーウィンは、有名な自然淘汰(natural selection)のインスピレーションを、マルサスの『人口論』から得たのである。

ケインズの「人口論」

マルサスから100年の時をへだてて、20世紀の前半に活躍したイギリスの経済学者と言えば、ご存じケインズである。ケインズは若い頃から同じケンブリッジ出身の経済学者マルサスに愛着をもち、マルサスの伝記も書いた。あまり知られていないが、人口についても強い関心を抱いていた。

大学を卒業したケインズは、インド省に数年勤めたが、役人生活に嫌気がさし、母校ケンブリッジ大学に戻って経済学を教え始めた（１９０８年）。若き教師は、第一次世界大戦が勃発する直前の１９１４年５月に、「人口」と題する講義を行っている。20世紀の終わりになって、長くケンブリッジ大学のアーカイブの奥底に眠っていたこの講義の草稿（全集未収録）が発見された（Toye〔2000〕）。

ジョン・メイナード・ケインズ（1883〜1946）

ケインズは、若いときから周囲の人々にその才気を認められていた。しかし、「イギリスにケインズあり」と世界中にその名が知られるようになったのは、ベストセラー『平和の経済的帰結』（１９１９年）によってである。

第一次世界大戦が終わると、パリで講和会議が開かれた。この講和会議に、ケインズはイギリス政府の随員として参加した。やがて締結された「ベルサイユ条約」は、議長国でもあった戦勝国フランスの意向を強く反映し、敗戦国ドイツに過酷な賠償を求めるものだった。ケインズは、この条約がヨーロッパの安定と平和にまったく資することのない非現実的な復讐にすぎないことを見抜き、抗議の末、イギリス外交団を辞任した。その直後に一気呵成に書き上げられたのが、日本も含め13ヵ国語に翻訳され、世界的なベストセラーとなった『平和の経済的帰結』である。

この本では冒頭、大戦により一つの時代が終わりを告げたという認識が示されている。これは当時、時代を見通す力のあるヨーロッパの知性が一様に抱いた認識、その後の歴史に照らして正しい認識だった。

こうした混乱の極みにあっても、フランス、ドイツ、イタリア、オーストリア、オランダ、ロシア、ルーマニア、ポーランドは、ヨーロッパという一つの文明を共有する統一した世界だ。そのヨーロッパが危機に瀕している。しかも問題はいわば「人災」により悪化しているのだ。「人災」とは、ほかでもないベルサイユ条約のことである。ケインズはこう主張した。

ケインズの議論は、大戦前のヨーロッパの分析から始まる。振り返れば19世紀末からの50年間、揺るぎのないものに見えたヨーロッパの繁栄は、実は砂上の楼閣とも言うべき不安定な経済の上に築かれたものであった。1870年代に入ると、ヨーロッパの人口増大に伴い新大陸への移民が増加する。新大陸の開拓が進むと農産物の供給は急増し、世紀の変わり目である1900年頃までは、工業製品の価格と比べて農産物の価格は相対的に低下し続けた。工業製品を輸出し、農産物を輸入するヨーロッパにとって有利な方向に「交易条件」が変化したのである。こうして、マルサスなら現実にはありえない「黄金郷」だと一笑に付したであろう幸運が、19世紀後半のヨーロッパでは数十年続いたのである。

幸運のおかげでヨーロッパは繁栄を謳歌した。しかし、1914年6月、一発の銃声によりこの繁栄は灰燼(かいじん)に帰した。繁栄の数十年、マルサスが警告した人口増加圧力の悪魔は鎖につながれていたが、今や再びこの悪魔が暴れ出した。

「まえがき」に続き現状分析が始まるのだが、最初に取り上げられたテーマは、ほかならぬ「人口」である。ケインズは、1870年に4000万人だったドイツの人口が1914年には6800万人まで急増したことに注意を喚起する。こうした人口増加を可能にしたのは、半自給自足の農業国ドイツが強大な工業国へと転換したからだった。世界を大戦に導いたドイツの膨張主義を生み出したのは、人口増加だったと言うのである。

ヨーロッパに繁栄をもたらした有利な「交易条件」は、20世紀に入るとすでに大戦の始まる前から悪化していた。黄金郷の時代は大戦を待たずして過去のものとなっていたのである。

繁栄の19世紀には、富の不平等が貯蓄を通して経済の発展をもたらした。一国が生み出す富が、もし人々の間で平等に分配されたなら、人々はそれをすべて消費してしまうから、社会全体で貯蓄は生まれない。不平等が存在するために、余裕のある金持ちが貯蓄をし、それが資本蓄積に回り経済社会は進歩するのだ。つまり、不平等は人間の社会が進歩するための「必要悪」なのだ。これが19世紀保守主義者の考え方だった。

しかし大戦によりそうした社会秩序は崩壊した。貯蓄には、もはや経済社会を進歩させる積極的な意義を期待することはできない。投資につながらない貯蓄は、ただ「消費しない」だけで、経済に「需要不足」を生み出す。不平等は経済の成長の源泉ではなく、逆に桎梏(しっこく)となる時代が幕を開けた。

こうした歴史上の大転換期に、大戦の戦禍が加わった。ヨーロッパは大きな危機に直面している。にもかかわらず講和条約は、子どもじみた復讐心に基づきドイツへ過酷な賠償金を要求することにより、戦後の再建を遠のけ、新たな危機を生み出そうとしている。理想と歴史的ビジョン、さらに冷静な現状分析が絶妙に織り交ざった『平和の経済的帰結』により、若きケインズは揺るぎない名声を勝ちえた。

人口減少の経済的帰結

『平和の経済的帰結』から18年、１９３７年にケインズは、マルサスゆかりの人口問題研究所で講演を行った。主著『雇用・利子および貨幣の一般理論』（１９３６年、以下『一般理論』）により、後に「ケインズ経済学」と呼ばれることになる自らの経済学を完成した翌年のことである。演題は「人口減少の経済的帰結」。

人口増加圧力の禍を説いてやまなかったマルサスの時代とは対照的に、ケインズが生きた１９２０～30年代のイギリスの問題は、「人口減少」が経済に与える影響だった。イギリスだけではない。普仏戦争（１８７０～71年）に敗れたフランスでは、すでに19世紀末から、人口が増加する隣国ドイツに対して人口が減り始めた危機感が声高に唱えられていた。時代は変わった。今や人口減少が大きな問題となったのである。

ケインズは、イギリスが人口増加の時代から人口減少の時代へと大転換の時代を迎えたことを指摘し、未来は過去とはまったく異なる世界になると言う。ケインズがとりわけ重視したのは、人口が投資に与える影響だった。マルサスやリカードの時代とは異なり、産業の主役はもはや工業である。工業では、農業で使われる鋤（すき）や鍬（くわ）とは次元を異にする、工場や機械など大規模な「資本ストック」が必要になる。資本を増大させるのが年々の設備投資である。プールに水を張ることを考えると理解しやすい。ある時点でプールにたまっている水の量、これは「ストック」であり、資本に相当する。プールに毎分流れ込む水の量、これは「フロー」であり、年々の投資に対応する。

一国経済がある年につくり出す生産の総額（国内総生産＝GDP）はフローであり、私たちの消費、それから投資、このほかに輸出や公共投資など政府の支出から成る。消費は、私たちの消費生活を振り返れば分かるように、よほどのことがないかぎり激変はしないものだ。これに対し、企業の投資は「暴れ馬」だ。この投資のアップダウンこそが、資本主義経済につきものの「景気循環」を生み出す。1936年に刊行された『一般理論』でケインズはこう主張した。だから、人口の増加から減少という長期的な大転換について考える際にも、ケインズは投資に与える影響をまず考えたのである。

投資は長期的にどのような要因に依存して決まるのだろうか。一つはまさに人口である。人口は経済のスケールを決める。しかし、もちろん人口だけではない。われわれの生活水準を向上させる「技術進歩」も投資に大きな影響を与える。さらに、資本の「耐久性」も投資を決める重要な要因である。三つめの資本の耐久性というのは少し分かりづらい。ここで言う「資本の耐久性」を理解するためには、例を挙げるのが一番分かりやすいだろう。同じ「住居」と言っても、移動性の遊牧民のテントと比べて、堅固な石造りのアパートは当然「耐久性」が高い資本ストックである。自動車に比べて自転車は耐久性の低い「資本」だ。要するに、同じ種類のサービス、生産力を生み出す「資本」と言っても、大きく頑丈なものほど耐久性が高い資本というわけである。

そういう目で歴史を振り返ると、19世紀の「ヴィクトリア女王時代の文明は大きく耐久性のあるモノを特徴としていた」。われわれがロンドンの街角で石造りの壮大な建物を目にするときに得る印象は、まさにこうしたものだ。しかし、20世紀の文明は、ヴィクトリア女王の時代とは異なり、「軽量化」の時代だ、とケインズは言う。「軽薄短小」が利便性の高いモノの特徴として言われる今日、こうしたケインズの指摘は自然に納得できるものだ。

さて、耐久性が高く大きな資本ストックのためには、当然、膨大な投資が必要になる。しかし、小さく軽量の資本なら投資も少なくてよい。20世紀にはもはや耐久性の高い大きな資本ストックに期待できないとすると、投資を生み出す要因として残るのは、人口の増加と生活水準を上げる「技術進歩」だ。しかし、投資を十分に盛り上げるほどの技術進歩は期待できない。また、人口は減っていくのである。こうしてケインズは、第一次世界大戦後のイギリスにおいて、放っておくかぎり投資は盛り上がりを欠くことにならざるをえない、と警告した。

資本主義のエンジンとも言える投資が不足すると、経済は不況に陥る。これが１９３６年に刊行された『一般理論』の結論である。働く意欲を持つ人々も、モノをつくり出す機械や工場も十分にあるのに、つくっても売れないために、つまり需要が不足しているために、人々は失業し、機械設備も使われず遊休化する。これが不況、すなわち「豊かさの中の貧困」だ。

Pの悪魔、Uの悪魔

ケインズが主張するこうした「需要不足のマクロ経済学」の学問的祖は、実はマルサスなのである。リカードとは反対に、マルサスは地主階級を擁護した。地主階級の奢侈的な消費は、鹿狩りのように社会的な利益にまったく資することのない無駄な浪費だ、という批判に対して、マルサスは、一見無駄に見えるそうした地主階級の消費が雇用を生み出す、と反論したのである。

ケインズは、若きマルサスが説いた過剰な人口が生み出す悪徳と悲惨を、人口（Population）の頭文字をとって「Pの悪魔」と名付けた。一方で、老マルサスが指摘した失業（Unemployment）の問題を「Uの悪魔」と呼んだ。19世紀の前半まで人類の長い歴史においてPの悪魔が猛威を振るった。しかし、人口が減少する20世紀において、われわれは投資が過少になることからUの悪魔にさらされている。

フランスの歴史学者ジャン・ドリュモーによれば、人間の社会には常に恐怖がすみついている。かつては、天災や疫病など「自然」こそが、人間にとって最大の脅威だった。しかし、20世紀に入り、二つの世界大戦が起こり、核兵器、さらにテロなどが恐怖を生み出す原因となった。これに加えて、失業と貧困という経済問題の脅威も大きい。２０１４年に実施された調査では、ＥＵ７ヵ国でいずれも半数以上の人が「子ども世代の将来の暮らしは、親世代よりも悪くなる」と答えている（Global Attitude Survey, Spring, 2014）。日本でも２０１６年に新たに選挙権を得ることになった18、19歳を対象にＮＨＫが行った若者意識調査では、「日本の将来は明るいと思う」が38・４％だったのに対し、「思わない」が60・９％と将来不安が大きい。まさにケインズが１９３０年代のイギリスに見出したUの悪魔が、21世紀の今も世界を徘徊している。

人口が減少する下でUの悪魔を封じ込め、豊かさを享受するためには何が必要か。投資の不足を補うため消費が増えなければならない。潤沢な投資機会がいくらでもあった19世紀には、貯蓄は直ちに投資に結びついた。だから金持ちが行う貯蓄は、資本蓄積を通して経済社会の進歩に貢献したのだ。しかし、そうした時代は終わった。20世紀は、旺盛な投資に期待できない。投資に代わり、消費が有効需要を支えなければならない。そのためには、稼いだ所得を貯蓄に回してしまう富裕層から、消費をする一般大衆へと所得の再分配を行わなければならない。これが人口減少時代を迎えた1930年代のイギリスで、ケインズが行った講演の概要である。

スウェーデンの人口論

18世紀から20世紀前半にかけて200年にわたり世界経済のトップランナーであったイギリスを代表する2人の経済学者マルサスとケインズが、人口についてどのように考えたかを見た。人口をめぐる議論に大きな貢献をした国として、イギリスと並んでもう一つ、スウェーデンを忘れることはできない。

今日、スウェーデンは福祉大国として世界に知られている。しかしこの福祉大国は決して一朝にして実現したわけではない。スウェーデンで議論をリードしたのは、この国が誇る数多くの経済学者たちだった。

クヌート・ヴィクセル（1851〜1926）は、19世紀末から20世紀初頭にかけて活躍したスウェーデンの大経済学者である。理論経済学者として有名なのだが、もともと人口問題への関心から経済学に興味を持つようになった。人口については自説を世に訴える過激な社会活動家でもあった。

名著の誉れ高いヴィクセルの『経済学講義』（スウェーデン語版、1901年刊行）は、第1巻第1章「人口の理論、人口構成および人口変動」で始まる。この第1章は1910年に刊行された第2版では削除された。社会活動家であったヴィクセルは、1909年過激な言動により投獄され、2ヵ月の服役期間中に人口問題に関する第1章を独立した小冊子として刊行したのである。

優れた理論経済学者であったヴィクセルの人口に関する議論は、さすがに見事なものだ。注意深い人口の統計分析は、今日なお色あせていない。

特色として挙げられるのは、一国にとっての「最適な人口」をヴィクセルが論じたことだ。人口の増加、減少もさることながら、そもそも「最適な」人口とはどのようなものであるか。これまでは「過剰な人口」などを論じる際の基準として、一国が養いうる「最大の」人口が問題にされてきたが、最適な人口はそれとは違う。

最適な人口とは、それ以上に人口が増えると平均的な福祉の水準が、もはや上がるのではなく、逆に下がってしまうような人口の水準である。つまり、最適な人口とは、1人当たりの平均的な福祉の水準を最大にするような人口である。

ヴィクセルは、こう議論を整理した上で、ヨーロッパの国々では人口が最適水準を大幅に超過してしまっている、と結論づけた。したがって、正しい政策は数十年かけて人口を減少させていくことである。産児制限が有力な方法だが、それは伝統的な宗教観とは対立する。ヴィクセルの言動が社会と摩擦を起こした理由はここにあった。

ヴィクセルは、次のような興味深い指摘もしている。意識的に人口を減少させると言っても、人口はいったん減り始めると容易に止まらなくなり、最後には社会が消滅してしまうのではないか。そうした懸念がしばしば表明される。しかし、これは杞憂（きゆう）にすぎない、とヴィクセルは言う。人口を増加に転じようと思ったなら、子どもを多く持つ家族に財政的な援助をすれば、出生率はたちどころに上昇するだろう。補助金により出生率を向上させることについて、ヴィクセルは驚くほど楽観的だった。目指すべきは、最適人口と比べて多すぎる人口を減らしていくことだ。これこそが、そのためには投獄されることをも辞さなかったヴィクセルの信念だった。

子育て支援の源流

ヴィクセルは人口問題について一匹狼として奮闘した。その後、ヴィクセルの精神を受け継ぎつつも、異なる立場から現実の政策に大きな影響を与えたのはグンナー・ミュルダール（1898〜1987、1974年ノーベル経済学賞）である。ミュルダールが妻アルヴァ夫人とともに著した『人口問題の危機』は、スウェーデンで反響を呼び、長期間政権の座にあった社会民主労働党の政策に大きな影響を与えた。アメリカ滞在中に書いた論文「人口問題と政策」は、ミュルダール夫妻の考えを簡潔に要約しており、『ミュルダール 福祉・発展・制度』の第3章として訳出されている（なお、ミュルダールについては藤田菜々子『ミュルダールの経済学』がある）。

20世紀に入り、人口減少の趨勢は誰の目にも明らかとなったが、多くの人はこれを「1人当たり所得」の上昇、さらに言えば、長い歴史の中で人類を悩ませてきた「過剰人口」の束縛からの解放、すなわち文明の進歩を象徴する現象として歓迎した。これに対して、ミュルダール夫妻は、減少する人口を放置するのは誤りであると強く訴えた。

なるほど、一個人、一つの家族にとっては、子どもの数が減れば1人当たりの所得が上昇するから、それだけ豊かになったと言えるかもしれない。しかしその結果、国全体で人口が減少していくと、それは「（社会）全体の人々の生活水準に対しては絶対的な悪影響を与える」。ミュルダールは、産児制限が個人にもたらす利益と、社会全体の利益は同じではない、と言うのである。

もちろんミュルダールは、保守的な立場から産児制限を禁止せよ、というようなことを主張したわけではない。出産は個々人の選択の自由に任されるべきであり、産児制限を自由意思に基づき行う権利は尊重されなければならない。しかしその一方で、公的年金を通して高齢者のサポートを家庭内の手当てから社会全体の仕組みへ転換したのと同じように、今や出産、子育てについても、それぞれの家庭の負担から社会全体で負担する制度へ転換しなければならない、と主張したのである。

子どもをもつもたないにかかわらず、（子どものサポートの）負担は納税者としての市民たちによって担われなければならない。……したがって、人口政策の一般的方法は、個々人や子どものない家族から子どもがいる家族への所得移転として描写されるだろう。（『ミ

ュルダール 福祉・発展・制度』藤田菜々子訳）

言うまでもなく、これは、今日われわれが「子育て支援策」と呼ぶものにほかならない。ミュルダールは現金給付よりも現物給付のほうが望ましい、と言っていることも付け加えておきたい。具体的には、保育所の数を増やし、その衛生や教育水準を向上させるなどの施策を提案した。

１９３０年代、人口を増やす政策はナチス・ドイツやファシストのイタリアでも行われていたが、ミュルダールは、自らの提案する人口政策はそうした国々の政策とはまったく異なることを強調している。ドイツやイタリアでは出産を「促進する」ことを目指しているが、「われわれはただ通常の人々の障害となっているものを取り除こうとするのであって、それによって人々が自然に結婚し、子どもをもうけたいと思うようにもっていきたいのである」。あらためて指摘するまでもなく、これは、21世紀の先進国の「子育て支援政策」の基本的な考え方である。わが国に先んじること70年、１９３０年代に、ミュルダールは減少する人口に直面する先進国スウェーデンにおいて、新しい「人口政策」を提唱し、現実の政策形成に大きな影響を与えた。

人間の長い歴史を振り返ると、人口をめぐる議論は文字どおり右往左往してきたことが分かる。今なお地球全体を考えれば、人口は多すぎる。一方、先進国では人口減少の趨勢は止まらず、少子高齢化はさまざまな社会問題を生み出している。

確かに、われわれの住む日本においては、人口減少が大問題である。次章ではまず具体的に、人口減少が社会保障と財政、さらに地域社会にどのような問題を生み出しているのかを見ることにしよう。

人口減少は大きな問題だが、しかしその一方で、日本経済の「成長」については、「人口減少ペシミズム」が行きすぎている。人口が減っていく日本経済に未来はない、といった議論が盛んになされるが、これは間違っている。先進国の経済成長は、基本的に労働力人口ではなく、イノベーションによって生み出されるものだからである。このことを次章で詳しく説明しよう。

第2章　人口減少と日本経済

２０１２年12月に誕生した安倍晋三内閣は、経済政策として「３本の矢」――１本目の矢はゼロ金利下での「異次元の金融緩和」、２本目は機動的な財政支出、３本目は「成長戦略」――から成る「アベノミクス」を標榜し内外の注目を集めた。政権誕生から３年あまり、２０１５年10月、「アベノミクス第2ステージ」では、「少子高齢化に歯止めをかけ、50年後も人口１億人を維持」すると、「人口」を重要な政策目標に掲げた。

第１章のはじめにも述べたとおり、国立社会保障・人口問題研究所の将来推計人口（出生中位）によると、日本の人口は２１１０年に４２８６万人まで減少する。現在の人口１億２７００万人が１００年間で３分の１になるのである。われわれは、ケインズやミュルダールが問題にした人口減少、すなわち、１９２０～30年代のイギリスやスウェーデンよりもはるかに急速な人口減少の時代を迎える。この間に、よく知られたとおり急速に高齢化も進行する。これに対して政府は、２０６５年時点で、このまま放置すれば８１００万人まで減少する人口を１億人に維持することを政策目標として掲げた。

日本が消える？

少子化に伴う人口減少・急速な高齢化は、日本の経済・社会に深刻な問題を生み出す。いや「深刻な問題」どころか、このまま人口が減り続ければ、日本という国が消えてしまうのだ。

子どもの数（０～14歳人口）は、２０１４年４月１日には１６３２・３万人だったが、15年４月１日には１６１７万人と、１年間で15・３万人減少した。さらに、２０１６年５月には１６０５万人と、１９８２年以来35年間連続で減り続けている。東北大学大学院経済学研究科、加齢経済学・高齢経済社会研究センター（吉田浩教授）のウェブサイト（https://sites.google.com/site/economicsofaging/）に公開されている「日本の子ども人口時計」によると、このペースで子どもの数が減り続ければ、日本の子どもの数は西暦３７７６年８月14日に１

人になってしまう！　何という寂しい子どもの日だろう。それまでに残された時間は64万2870日である（2016年7月1日時点）。

こうした急激な人口減少そのものが大問題であることは言うまでもない。「日本消滅」まではいかなくても、少子高齢化はすでに深刻な問題を生み出しつつある。一つは「社会保障と財政への負荷」、もう一つは「地域社会に与える影響」である。こうした深刻な問題は、以下に見るとおり、すでに顕在化している。

超高齢社会の社会保障

人口減少と並んで、著しい速度で進行しているのが「高齢化」だ（図表2－1）。日本は1970年に高齢化率（総人口のうち65歳以上が占める割合）が7％を超えて「高齢化社会」となったが、その後1994年には14％を超え「高齢社会」となり、さらに2007年に21％を超え、ついに世界で初めて「超高齢社会」となった。2015年の「国勢調査」では、高齢化率は26・7％、いまや4人に1人以上が高齢者だ。現役世代（15～64歳）と高齢者の比率も、かつて高度成長の時代には11対1だった。それが2013年には2・5対1となり、2030年には1・8対1、さらに高齢化率がピークを迎えると見られる2060年には

図表2－1　少子高齢化の進行

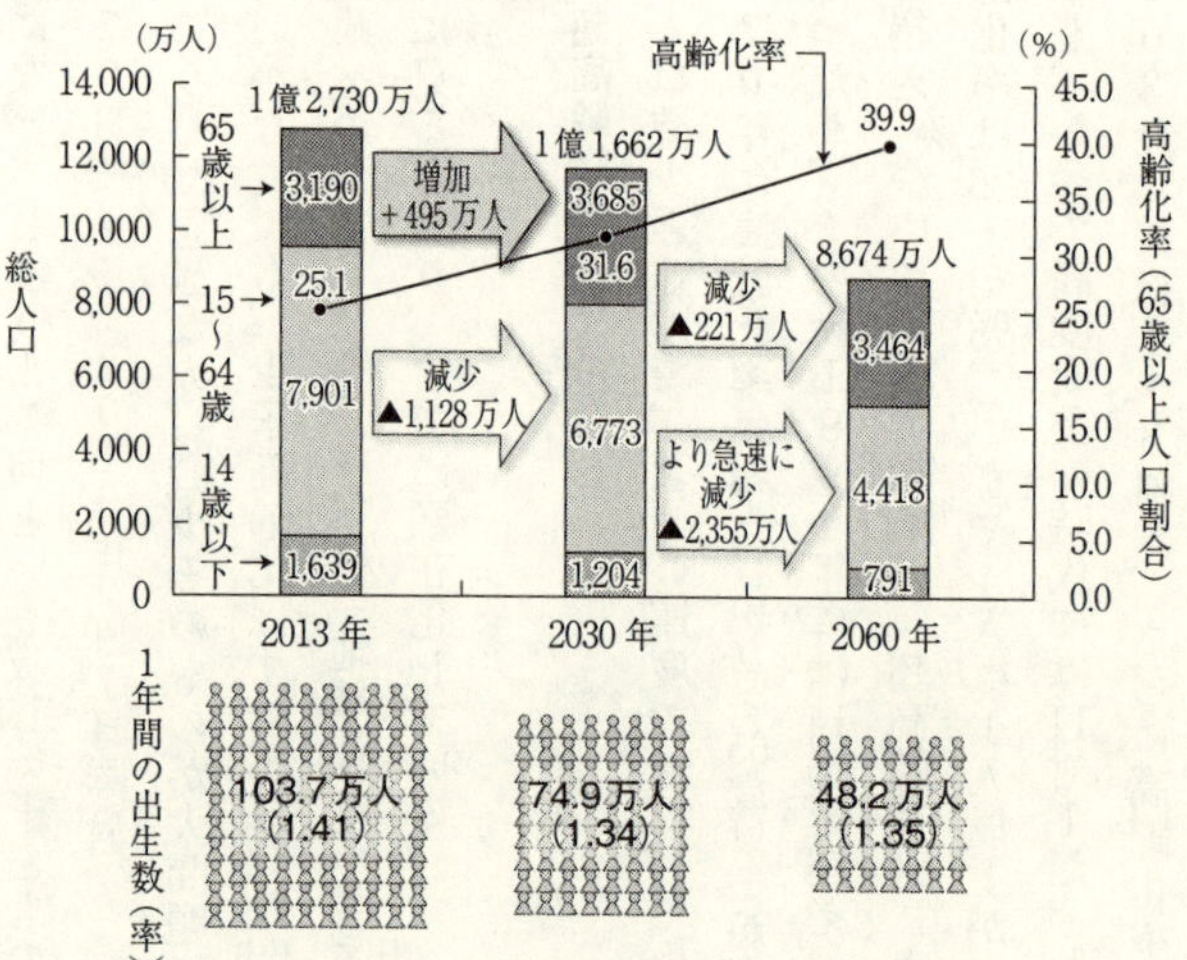

出所）総務省「国勢調査」、国立社会保障・人口問題研究所「日本の将来推計人口（平成24年1月推計）：出生中位・死亡中位推計」（各年10月1日現在人口）、厚生労働省「人口動態統計」
注）四捨五入の結果、合計が一致しないことがある（以下同）。

1・3対1になる。

超高齢社会は経済社会に大きな問題を生み出す。誰もが知るように、高齢者は経済力でも健康面でもばらつきが大きい。会社の社長や役員の多くは65歳以上だが、他方で、年金以外に収入源を持たない人もいる。健康に恵まれた高齢者もいるが、重篤な病気を患い介護を必要とする人も多い。古く紀元前四世紀の中国の古典である『孟子』にも、すでに次のような記述がある。

老いて妻無きを鰥（かん）と曰（い）い、老いて夫無きを寡と曰い、老いて子無きを独と曰い、幼くして父無きを孤と曰う。此の四者は天下の窮民にして告ぐる無き者なり。（『孟子』）

だから政治は、こうした弱い立場にある人々を救わなければならない、とある。「社会的弱者」が直面する問題を社会全体で解決する――残念ながら、完全な解決は難しいが、少なくとも緩和する制度、それが社会保障制度にほかならない。

今日、わが国の社会保障の給付（お金やサービスの提供を「給付」という）は総額で116兆円である。GDPは500兆円だから、GDPの4分の1に達しようという大きな数字である。兆という単位はわれわれの実感を伴わない大きな数字だが、実際1兆円を1万円札で積み重ねると10キロメートルになるそうだ（ちなみに100万円は約1センチメートル）。日本経済について考えるときにはこの兆が基本単位になる。

給付総額のおよそ半分を占める年金は56・2兆円（2015年度）、続いて医療37・5兆円、介護9・7兆円、「子ども・子育て」5・5兆円、失業しているときに失業保険を給付する「雇用保険」、最後のセーフティネットと言われる「生活保護」などがある（図表2－2上）。

お金はもちろんのこと、サービスでも何か給付がなされれば、そのコストは必ず誰かが何

図表2-2　社会保障の給付と負担の現状（2015年度予算ベース）

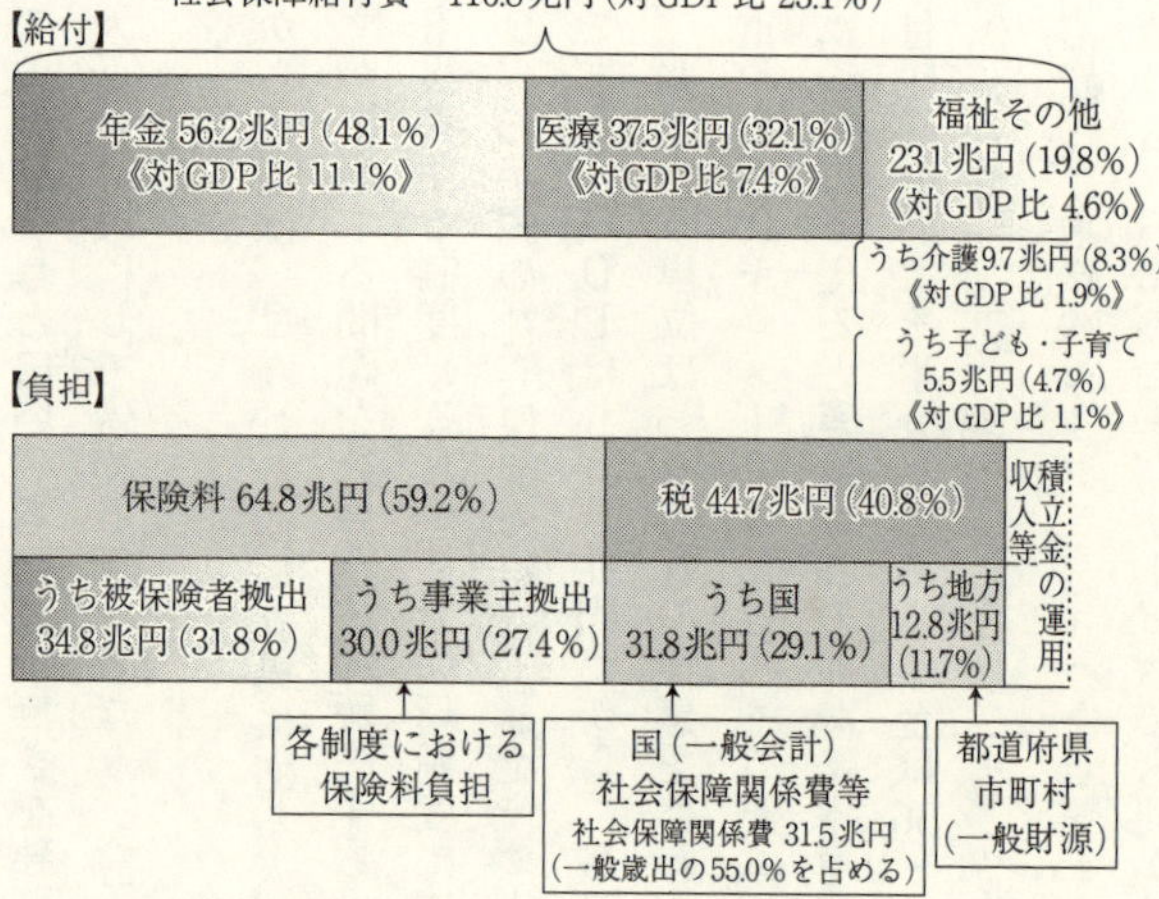

注）社会保障給付の財源としてはこのほかに資産収入などがある。

らかの形で負担しなければならない。そこで社会保障を負担の面から見ると、6割は労使折半の保険料で賄われているのだが、それでは足りない残り4割は税で賄われている（図表2-2下）。

「税」と言っても、文字どおり税収で対応できているわけではなく、赤字公債で取り繕っているのが現状である。したがって正確には、税でなく「公費」と言わなければならない。後で説明するように、これこそが財政赤字の問題なのである。

なお、保険料6割、税4割というのは社会保障全体の話であり、制度ごとの保険料と税（国と地方）のシェアはまちまちである。一方にはすべて税で賄われ保険料の負担はない生活保護や児童・障害福祉などがある。逆に厚生年金や健康保険（組合健保）などには税の投入は無く、すべて保険料で賄われている。基礎年金、国民健康保険、後期高齢者医療制度、介護保険は、税と保険料が半分ずつの負担をしている。このように制度はまちまちで複雑なものになっている。こうした現状は、明確な方針に基づいて設計されたものではない。むしろ過去の歴史の中で形成された妥協の産物である。

さて、負担の6割を占める保険料は、企業ともども現役世代が払うものだし、税も所得税などは現役世代が納付するものだ。このように負担は主として現役世代が担う。一方、給付は、年金は高齢者が受給するものだし、医療・介護もやはり高齢者の受給が大きい。ちなみに、1人当たりの年間の平均医療費は64歳以下17・5万円に対して、65～74歳55・3万円、75歳以上89・2万円である。75歳以上の後期高齢者1人当たりの医療費は、現役世代の5倍以上かかる（厚生労働省「平成23年度国民医療費の概況」）。

したがって、少子化により現役世代が減り、高齢化により高齢者が増えていけば、社会保障の給付が膨らむ一方で、それを支える財源は先細りにならざるをえない。こうして少子高齢化の下で苦しくなる社会保障の台所を支えるのが国の財政である。しかしそれは、国の「財政赤字」というもう一つの大きな問題を生み出す。

財政破綻の危機

日本の財政赤字が大きな問題だ、ということは今日広く知られている。国と地方（都道府県と市町村）を合わせた公債残高、つまり国の借金である国債と地方の借金である地方債の合計は、2015年度末時点で985・2兆円、GDPに対する比率で195・1％に達した。

国債――地方債もあるが、以下、簡単にするために公債ではなく国債という――は国の借金だから、最後の1円まで返さなければならない。もはやそれは不可能だろう、といった声を耳にすることもある。実際2016年度末の国債（地方債は除く）残高838兆円を、生まれたての赤ちゃんから100歳の人まで含めた総人口1億2619万人で割ると、国民1人当たりの国の借金は664万円になる。4人家族だと借金はいくらに？と考えれば誰もがため息をつくに違いない。

しかし、ここには誤解がある。国債は国の借金には違いないのだが、実は最後の1円まで返して国債残高をゼロにする必要はないのだ。と言うより、国債残高ゼロでは、金融政策を行うことすらできなくなってしまうのである。2013年4月に始まった「異次元の金融緩和」に限らず、一般に「貨幣」（ベースマネー）は、中央銀行が民間銀行から国債などを購入することにより供給される。国債残高ゼロは実はあるべき状態ではない。

それでは財政赤字の問題とはいったい何なのか。年々の財政赤字の結果、増え続ける国債残高が大きくなりすぎることが問題なのである。それは船底にたまった水にたとえることができる。船底に水がたまりすぎれば、タイタニック号のように沈んでしまう。何トンの水がたまれば、船は沈んでしまうのか。それは一概には言えない。タイタニック号のように巨大な船と小さな漁船では答えは当然違うからである。船底にたまった水量を船の大きさとの相対で見て、危険度を判断しなければならない。国債残高も同じである。船の大きさに当たるのが、経済の大きさ、つまりＧＤＰだ。したがって、われわれは、財政破綻の危険度を表す尺度、逆から見れば、財政の健全性を表す指標として、国債残高のＧＤＰに対する比率を用いる。

国債残高／ＧＤＰ比率がどれくらいの水準以下で財政は健全と言えるのだろうか。一つの絶対的な正解があるわけではないが、ＥＵは参加国に「国債／ＧＤＰ比率60％以下」を義務付けている。実際、２００８年9月の「リーマン・ショック」後、世界同時不況の下で各国とも財政収支が悪化した（税収が落ち込む一方で歳出を増加させた）とは言え、多くの先進国では国債／GDP比率は100％以下にとどまっている。これに対して、日本の国債／GDP比率（正確には地方債も含めた公債／GDP比率）は、すでに見たとおり、今や200％に達し、下がり始める兆しもないまま上昇を続けている。これが日本の財政赤字の問題である。現状のままではいつか財政は破綻せざるをえない。

もっとも日本の財政は国債／GDP比率の高さが示すほど深刻ではない、財政破綻の危険を言い募るのは世を惑わすものだ、と言う人もある。そうした主張としてよく挙げられる根拠は次のようなものだ。国債は国の借金だが、国は債務を負う一方で資産も持っている。債務から資産を引いた「純」債務で見れば、日本の財政は言われているほど悪くない、と。しかし国の保有する「資産」と言っても、年金の預託金や庁舎などは、それを売却して債務の返済に充てるわけにはいかない。純債務で見れば悪くないという議論は、日本の財政の現状からすると説得力を欠く。

もう一つ、財政が破綻したギリシアの国債は大部分を外国人が持っていたが、日本の国債は日本人（日本銀行や民間の金融機関等を含む）が持っているから大丈夫、という議論もある。しかし、民間の会社の株価について、株主が外国人だと危ない、日本人だから大丈夫などと言うだろうか。株主の国籍に関係なく、株価はその会社の経営力、技術力、マーケティングなど、要するに「ファンダメンタルズ」（基礎的条件）で決まる。国債に関するファンダメンタルズは、結局のところ「財政の健全性」である。日本国債の保有者が日本人だから大丈夫、という議論も基本的には誤りである。要するに、公債／ＧＤＰ比率が２００％を超える日本の財政は厳しい状況にある。すでに述べたとおり、このままでは破綻を免れない。

財政赤字はなぜ拡大し続けているのか

ところで、そもそも財政はなぜここまで悪化したのか。船底にたまった水（ストック）は、船に開いた穴から毎時流入する水（フロー）がたまったものである。同じように、現時点における国債残高（ストック）は、過去年々の財政赤字（フロー）が累積したものにほかならない。

図表２－３は過去40年の国の財政収支（一般会計）の推移である。財政赤字が拡大したのは、平成に入ってまもなく１９９０年代初頭にバブルが崩壊してからであることが分かる。景気が好くなれば財政赤字は縮小し、逆に不況のときには赤字が膨らむ。これは真理であり、実際図表２－３にある財政赤字も年々ぶれている。しかし図表２－３を全体として見れば、日本の財政赤字はまさに「構造的」と呼ぶべき長期的な問題であることが分かる。この問題は、

図表２-３　歳出・歳入の推移

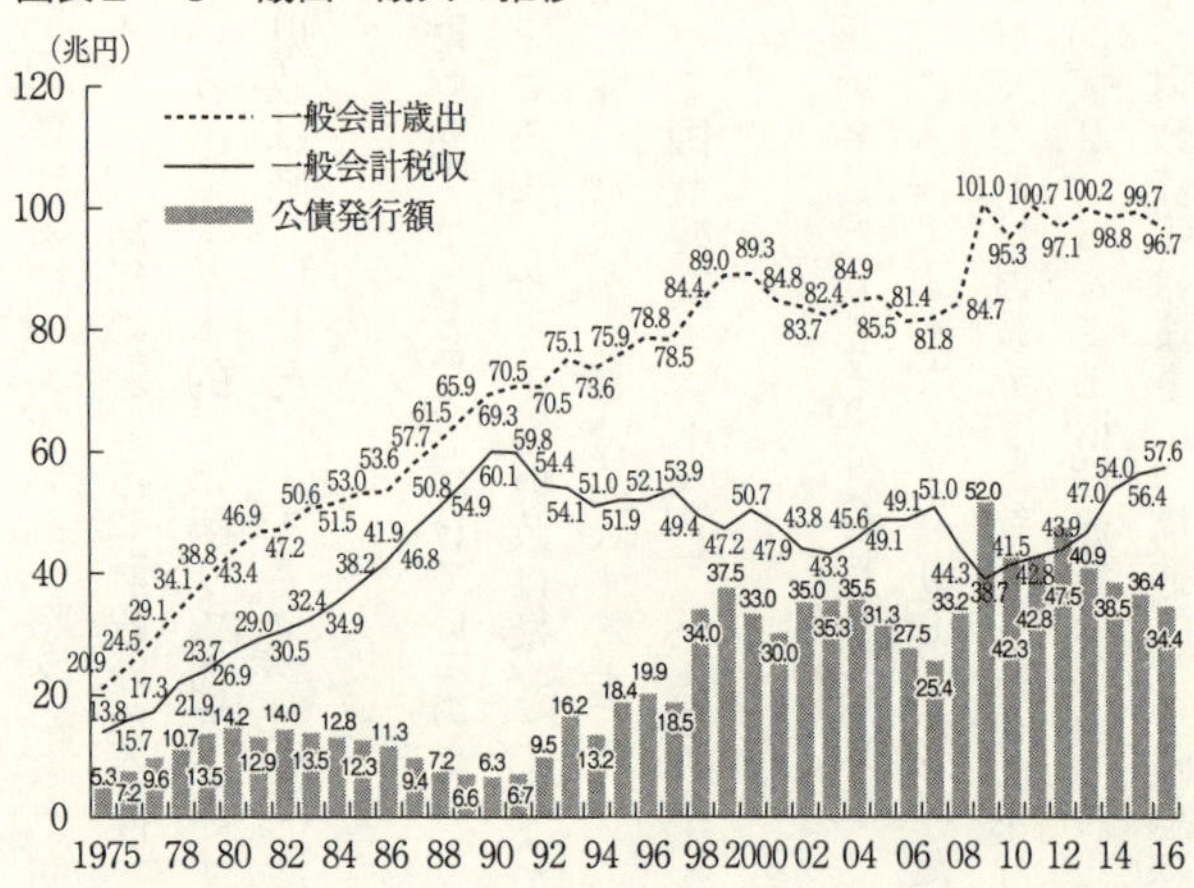

出所）財務省

経済成長だけでは解決できない。

さて、財政赤字は歳出（予算によりお金を使う分）と歳入（税を中心に政府にお金が入ってくる分）のギャップにほかならない。歳出の増加、税収の減少、いずれかあるいは両方によって財政赤字は拡大する。ここでは歳出に注目しよう。

予算は時代の鏡だ。経済社会の変化を反映して歳出の中身は時代とともに変わる。図表２-４はこうした歳出のシェアの変化を見たものである。

東京オリンピックが開催された１９６４年の少し前、１９６０年度の一般会計予算を見ると、その規模は１・７兆円、１００兆円に達しようという今日の予算と比べる

図表2‐4　一般会計の主要歳出の推移

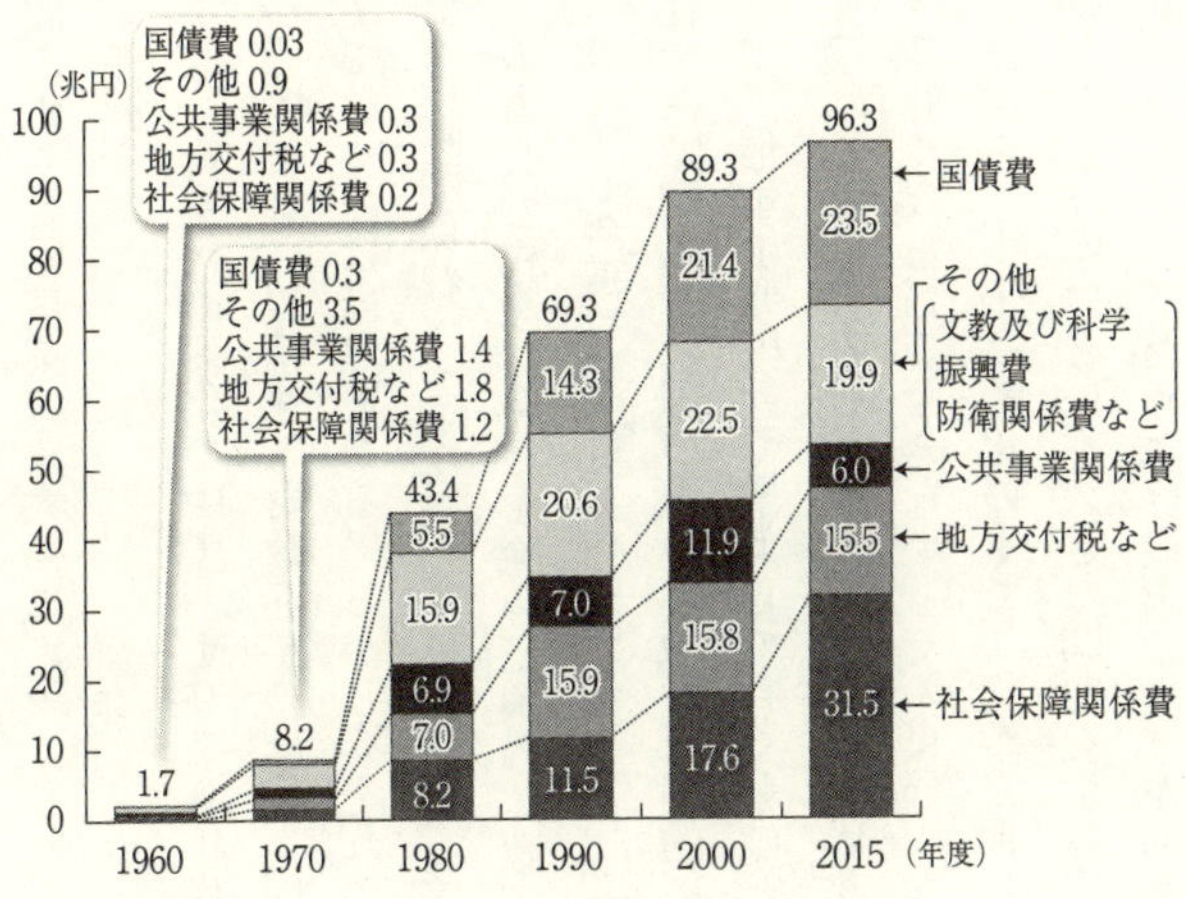

出所）財務省

と何とも小さいが、そのうちで社会保障関連の予算は２０００億円と、公共事業費３０００億円の３分の２の水準だった。この時代は、道路をはじめインフラ整備が急務だった。東京ですら雨が降ると水たまりのできる土の道が多かった時代である。

その後、経済成長の１９６０年代、高度成長が終わりオイルショックもあった１９７０年代、国の予算は膨らみ続け、バブル経済が崩壊する直前１９９０年度の予算は69兆円に達した。バブルが崩壊し、「失われた10年」と呼ばれる90年代に入ると、深刻な不況の下で度重なる「経済対策」により公共事業費が激増した。もっとも２０００年代に入ると、小泉内閣をはじめ歴代の内閣により公共事業費は大幅にカットされ、2015年度には6兆円と、2000年度の半分まで減少した。

こうした時代の変化の中で、1970年代から一貫して増え続けている費目が二つある。一つは国債費。累積する財政赤字の結果、国債の残高が増大すれば、償還に加えて利払いが増えていくのは当然である。しかし、それにも増して年々増加のペースを高めてきたのが、「社会保障関係費」である。こうして今では、一般会計予算から国債費と地方への移転である「地方交付税交付金」を除いた国の「政策経費」の半分以上が、「社会保障関係費」である（2015年度は31・5兆円／57・4兆円＝55％）。

社会保障関係費は国の予算の中で圧倒的に高いシェアを占めているだけではない。高齢化の下で、毎年1兆円近く増大していくものと考えられる。先にも述べたとおり、少子化により保険料を払う現役世代が減る一方、高齢化により給付は増大していくから、社会保障の台所は苦しくならざるをえない。そのギャップを埋めているのが国・地方の社会保障関係予算なのだから、少子高齢化の下でこれが膨張していくことは避けがたい。こうして、少子高齢化は「財政赤字」という大きな問題を生み出した。

問題を解決するためには歳出の伸びを抑制する一方、歳入増（増税）が必要であることは自明だ。しかしここではこれ以上立ち入らない。ただ一つ、日本と同じく少子高齢化に悩むＥＵが加盟国に消費税（付加価値税）最低15％というルールを課している事実をわれわれ日本人はよく考えてみる必要がある。

市町村が消える？

少子高齢化と人口減少が生み出す大問題はもう一つある。２０１４年5月、民間の日本創成会議・人口減少問題検討分科会（座長・増田寛也前岩手県知事、東京大学大学院客員教授）によって、「成長を続ける21世紀のために『ストップ少子化・地方元気戦略』」という報告書が発表された（増田〔２０１４〕）。この報告書は、地域経済に与える影響など人口減少の持つ意味を分かりやすく説明した貴重な情報源である。深刻な人口減少をストップし、地方を活性化するためには、以下のような基本方針に基づき総合的な戦略を推進する必要がある、と提言している。

第一に、日本では人口減少の深刻さが国民の間で必ずしも共有されていない。ともすれば、遠い将来のことのように考えられがちだが、「楽観論」は危険である。そうした認識をまずは共有しなければならない。

具体的な対策としては、現実の出生率が国民の「希望出生率」を下回っていることに鑑み、「希望阻害要因」を取り除くことによって出生率を高めることに努める。そのためには、20代から30代前半に結婚・出産・子育てしやすい環境を整え、第2子、第3子以上の出産・子育てがしやすい環境をつくる。

「ストップ少子化・地方元気戦略」がマスコミでも大きく取り上げられ、話題となった一つの理由は、将来の人口動態が市町村レベルの人口にどのような影響を与えるのか、独自の推計を行ったことにある。実は、地域別の将来人口推計そのものは、国立社会保障・人口問題研究所（社人研）によっても行われている（2013年3月）。二つの推計の違いは、地域間の人口移動につきどのような想定を置くか、にある。その際、重要なポイントとなるのは、子どもを産むのは通常「20～39歳の女性」という当たり前の事実だ。例外はあるが、2012年の合計特殊出生率1・41のうち95％が20～39歳の女性によるものだという事実からすれば、将来推計を行う上で20～39歳の女性人口に注目するのは合理的である。

地域によっては若い女性の流出が続く。たとえ域外への流出がなくても、出生率が現状の1・41のままだと、30年後には若年女性は3割減少するから、人口を維持するためには出生率が直ちに2まで上がる必要がある。社人研の推計では、域外への流出率が2020年にかけておおむね2分の1程度に低下していく、つまり流出率のペースが鈍化すると想定している。これに対して、これまでと同じように若年の男女が３割程度域外に流出すると、30年後の若年女性は半減し、もはや出生率を上げても人口減少を止めることは事実上不可能にならざるをえない。つまり、そうした地域は最終的に消滅する可能性がある。これが報告書の想定したシナリオである。

報告書が使用した「消滅」という表現は大きなインパクトを持った。社人研の推計では２０４０年にかけて若年女性が５割以下まで減少する市町村は３７３（全体の20・7％）、そのうち２０４０年時点で人口が１万人を切る市町村は２４３（同13・5％）だった。これに対して、将来もこれまでと同じような人口流出が続くという想定を設けた報告書の推計では、若年女性人口が２０４０年にかけて５割以下まで減少する市町村は８９６（同49・8％）、このうち２０４０年時点で人口が１万人を切る市町村は５２３（同29・1％）。今後25年で全国市町村の約３割が「消滅する」可能性が高いというわけである。

「過疎」が深刻な問題として取り上げられるのは、決して今に始まったことではない。すでに１９６０年代、農村から都市へ人口が流出したときにも、それは大きな問題として取り上げられた。

しかし、現在進行中の人口減少・高齢化は、かつてなかったほどのインパクトを日本の経済社会に与えつつある。例えば、私たちの生活に最も身近な水道。水道事業は市町村単位で運営されているが、人口減少が著しいところでは、事業を維持するために水道料金を値上げしなければならなくなる。北海道美唄（びばい）市では２０１５年10月から30％値上げされる（『朝日新聞』２０１５年９月７日付朝刊）。地域間の料金格差も当然大きくならざるをえない。月額の家庭用料金は、群馬県長野原（ながのはら）町の最高３５１０円から兵庫県赤穂（あこう）市の最低３６７円まで、今や10倍近い格差が生じている（２０１４年４月）。こうした中で、県内格差が４倍ある香川県では、水道事業を市町村ごとから県内で一つに統合する計画を進めているという。

このように人口動態は地域に大きな影響を与える。すでに見たように、出生率と並んで地域への影響を左右する最も重要な要因の一つが、「地域間の人口移動」である。そこで地方活性化のために、政府は「都市から地方へ」というこれまでとは逆の人口の移動を政策目標に掲げた。しかし移動する人々は、誰かに強制されるわけではなく、自ら欲するままに移動する。地域間の人口移動は歴史的にどのように推移してきたのか。次に、この問題について考えてみることにしよう。

明治の都市人口ランキング

太古以来、人間は移動するものだったに違いない。その結果として、アフリカに誕生した人類はユーラシア全域、さらにベーリング海を越えアメリカ大陸まで拡散した。移動の原因としては、食料の枯渇、自然環境の変化など人をその地域から押し出すような要因もあったであろうことは疑いない。しかし、そうしたネガティブな環境変化がなくても、太古われわれの祖先は突然、山を越え、川を渡り、移動したようなのだ。そうしたことは自分には到底できない、と筆者が漏らしたとたん、人類学の研究者から「それが人間というものなのですよ」と一喝大笑されたことがある。「動物」とはまさに動くモノたる存在なのだろう。

しかし、氷河時代といった大昔はさることながら、近代・現代ともなれば、人々が単なる衝動で移動することは稀である。多くの人々が移動するとき、そこには経済的・社会的な力が働いている。そこで、19世紀後半、明治以降の人口移動を見てみることにしよう。図表2-5は、わが国の都市人口ランキングの推移である（富永〔1990〕）。

1878年（明治11年）と言えば西南（せいなん）戦争の翌年、江戸時代もだんだんと過去となりつつあった時代である。しかし、それでも図表2-5の都市ランキングを見ると、1位の東京から4位の名古屋までを別として、5位以下については意外と思う人が多いのではないだろう

図表2 - 5　日本の都市人口の推移

	1878(明治11)年 人口(千人)	順位	1920(大正9)年 人口(千人)	順位	1985(昭和60)年 人口(千人)	順位
東京*	671.3	1	2173.2	1	8354.6	1
大阪	291.6	2	1252.9	2	2636.2	3
京都	232.7	3	591.3	4	1479.2	6
名古屋*	113.6	4	430.0	5	2116.4	4
金沢*	107.9	5	129.3	11	430.5	31
広島*	76.7	6	160.5	8	1044.1	10
和歌山*	62.1	7	83.5	23	401.4	39
横浜	61.5	8	422.9	6	2992.9	2
富山*	58.4	9	61.8	35	314.1	55
仙台*	55.0	10	119.0	12	700.3	12
堺	45.7	11	85.1	22	818.3	13
福岡*	45.5	12	95.4	17	1160.4	8
熊本*	44.6	13	70.4	27	555.7	16
神戸	44.1	14	608.6	3	1410.8	7
福井*	41.6	15	56.6	37	250.3	80
松江*	36.5	16	37.5	63	140.0	140
新潟	35.6	17	92.1	19	475.6	24
鳥取*	34.7	18	29.3	77	137.1	141
弘前*	33.4	19	32.8	73	176.1	115
岡山*	33.3	20	94.6	18	572.5	15
長崎	32.6	21	176.5	7	449.4	26
鹿児島*	32.1	22	103.2	14	530.5	17
函館	31.2	23	144.7	9	319.2	58
秋田*	31.0	24	36.3	67	296.4	61
高松*	30.2	25	46.6	48	327.0	53
盛岡*	29.5	26	42.4	53	235.5	90
高知*	29.1	27	49.3	44	312.2	57
松山*	28.1	28	51.3	41	426.7	28
米沢*	27.7	29	43.0	52	93.7	218
彦根*	27.5	30	17.7	-	94.2	212

出所）富永（1990）
注）1878年は関山（1942）。ただし神戸と兵庫を合併した。1920年と1985年は国勢調査。1920年の彦根は市制が敷かれていない。
　*は旧城下町であることを示す。

か。江戸はかつて100万人の人口を擁し、ナポリと並び世界有数の大都市であったが、維新の動乱の中わずか数年のうちに人口が半減したと言われる。明治11年の東京の人口は67万人、それでも日本一ではあった。2位の大阪29万人は東京と比べてかなり少なくなり、以下3位の京都は23万人、4位は名古屋の11万人である。

そこまではまあそんなところかと思われるのだが、5位金沢11万人弱というのは意外である。明治11年にはまだ加賀百万石が健在だった。以下、意外に思われる都市としては、7位和歌山、9位富山、15位福井、16位松江、18位鳥取、19位弘前、29位米沢、30位彦根などが挙げられる。

図表2-5にあるように、その後そうした都市の人口は相対的に低下し、ランキングを下げた。すぐ気づくように、そうした都市には日本海に面した地域や東北の都市が多い。明治11年の都市人口ランキングが今日の私たちに意外に思われるのは、当時は江戸時代から継続された農業が産業の基盤だったからである。農業は土地を使うから集積のメリットはない。むしろ日本の国土全体に拡散していなければならない。明治11年に人口の多かった都市は、それぞれの地域（江戸時代の藩）の中心地（旧城下町）だった。

表から分かるように、それから100年を経て、都市人口は大きく変わった。こうした変動をもたらした最大の要因は、産業の基盤が農業から工業へ変わったことである。農業とは違い、工業には集積のメリットがある。よく知られているとおり、日本の工業化は太平洋側を中心に進められた。この結果、江戸時代から明治初年には人口ランキングの上位にあった多くの都市の人口が相対的に縮小したのである。

政府は「都市から地方へ」と旗を振る。確かに、「東京への一極集中」には問題がある。しかし、人口の移動を上からの号令によって変えようとしても限界がある。そこにはなにがしかの合理性がなければならない。

経済成長を決めるのは人口ではない

財政・社会保障や地域の将来に人口減少が大きな影響を与えることは、以上見たとおりだ。人口減少は21世紀の日本にとりまさに大問題だが、それは経済の「成長」に一体どのような影響を与えるのだろうか。

人口が減る、ということは働き手の数が減っていくということだ。したがって、これからの日本経済はよくてゼロ成長、おそらくはマイナス成長を覚悟しなければならない。こう考えている人が多いのではないだろうか。「右肩上がり」の経済の時代は終わり、これからは

「右肩下がり」の時代が始まる。こうしたフレーズをよく目にする。実際、企業の経営者は「人口減少の続く日本国内で設備投資をする気にはなれない」と言う。第1章で見たとおり、1930年代にケインズも、人口の減少するイギリスではもはや投資にあまり期待できない、と言っていた。問題は需要と供給、二つの面がある。

まず、サプライ・サイドを考えよう。働く人の数が減れば、つくられるモノの量も減るに違いない。これは分かりやすい理屈であり、否定すべくもない「鉄壁の論理」であるように思われるかもしれない。しかしこの議論には、実は大きな論理の飛躍があるのである。一国で1年間につくり出されるすべてのモノやサービスの価値（正確には「付加価値」）の総計を表すのがGDP（国内総生産）だが、その成長率は、決して働き手（労働力人口）の増加率だけで決まるものではない。

百聞は一見に如かず。図表2-6は明治3年（1870）から100年あまりの日本の人口と実質GDPの推移を比較したものである。戦後の成長が大きいために図の右半分が目立つが、縮尺を変えて左半分だけ見れば、戦前についてもGDPと人口の成長は大きく乖離していることが分かる。明治の初めから今日まで150年間、経済成長と人口はほとんど関係ない、と言ってよいほどに両者は乖離している。

図表２‐６　日本の人口と経済成長（1870～1994年）

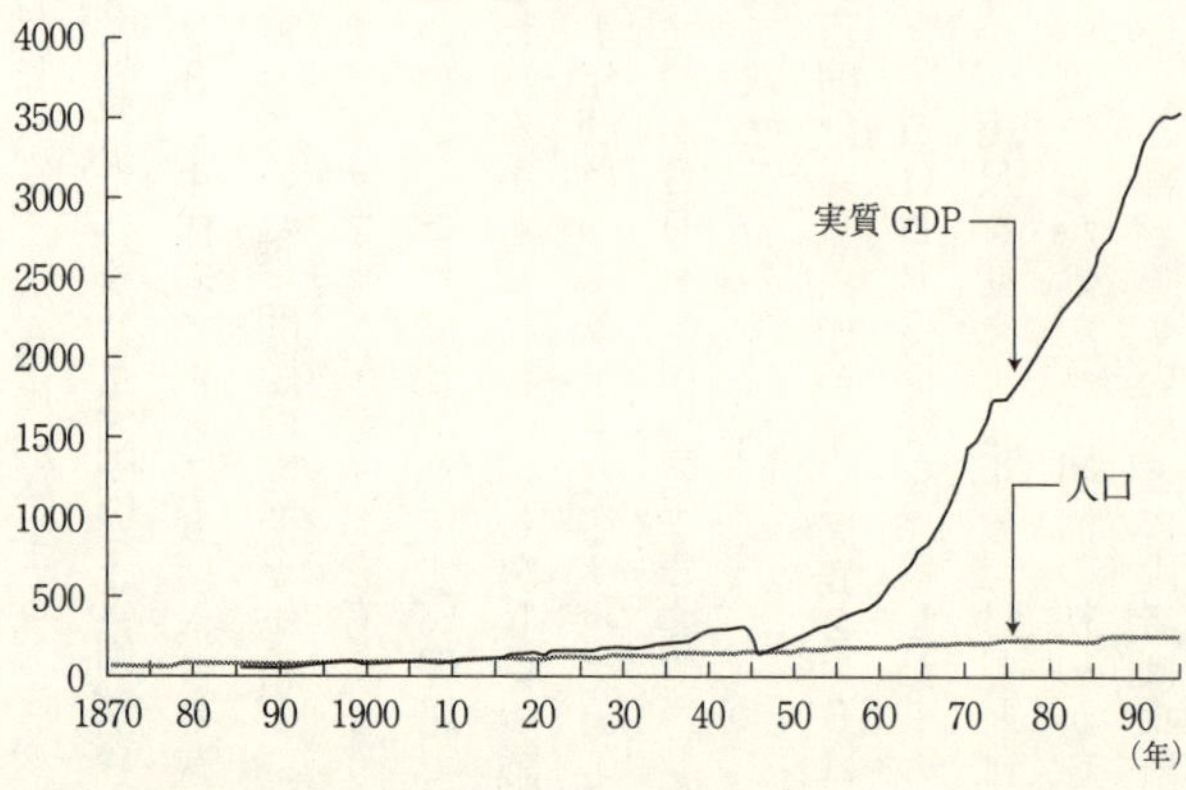

出所）Maddison（1995）
注）人口、実質 GDP ともに1913年＝100とした指数。

経済成長率と人口の伸び率の差、これが「労働生産性」の成長にほかならない。労働生産性の伸びは、おおむね「1人当たりの所得」の成長に相当する。労働力人口が変わらなくても（あるいは少し減っても）、1人当たりの労働者がつくり出すモノが増えれば（すなわち労働生産性が上昇すれば）、経済成長率はプラスになる。

イノベーションの役割

「労働生産性」というと、それを労働者の「やる気」といったものとしてイメージする人が多い。一人ひとりが頑張ればプラス成長は可能だという理屈は分かるが、それにも限界があるだろう。やはり労働力人口が減少すればせいぜいゼロ成長がよいところに違いない、という声もよく耳にする。

「労働生産性」を労働者の「体力」や「敏捷性」と同一視する人もいる。そうした前提に立って、日本は高齢化社会を迎えるのだから労働生産性は伸びるどころか低下するだろう、という議論がなされる。確かに高齢者は体力や敏捷さで20代、30代の人にかなわない。しかし労働生産性の実体は、労働者のやる気や体力ではない。もちろん発展途上国などで国民の「健康」に大きな問題がある場合や、政情が不安定化した国や労使関係が悪化した企業で労働者の「やる気」が著しく低下すれば、労働生産性は低下する。しかし、逆は真ならず。日本も含めた先進国で、経済全体の労働生産性の成長をもたらすものは、通常、労働者のやる気や体力ではない（もっとも、現在の日本経済では「長時間労働」の悪影響は大いに懸念されるのだが）。

一国経済全体で労働生産性の上昇をもたらす最大の要因は、新しい設備や機械を投入する「資本蓄積」と、広い意味での「技術進歩」、すなわち「イノベーション」である。

労働力人口の推移と経済成長を固く結びつけて考える人のイメージは、おそらく労働者が１人１本ずつシャベルやツルハシを持って道路工事をしているような姿なのではないだろうか。そうした経済では、働き手の数が減ればアウトプット（生産物）は必然的に減らざるをえない。しかし先進国における経済成長は、労働者がシャベルやツルハシを持って工事をしていたところにブルドーザーが登場するようなものなのだ。こうして労働生産性は上昇する。ひょっとすると、それまで100人でやっていた工事が5人でできるようになるかもしれない。それをもたらすものがイノベーションと資本蓄積（ブルドーザーという機械が発明され、実際にそれが建設会社によって工事現場に投入されること）である。

こうしたたとえが決して夢物語でないことは、駅の自動改札を思い出せばすぐに理解できるはずだ。ひと昔前、1980年代中頃までは、東京駅でも人が改札業務をやっていた。自動改札機の導入により労働生産性は飛躍的に上昇した。もちろんそのためには自動改札機が発明され、鉄道会社の「設備投資」によりそうした機械が実際に駅に設置されなければならない。

ソフトな技術進歩

ここで「イノベーション」、あるいは「技術進歩」についても少し注釈を加えておく必要がある。特に「技術進歩」というと、とかく理工系の科学者・技術者の手になるハードな「技術」、テクノロジーを思い浮かべがちだ。もとよりそうしたハードな「技術」は、経済成長に貢献する「技術進歩」において大きな役割を果たしている。その重要性はあらためて指摘するまでもないだろう。注意しなければならないのは、経済における「技術進歩」はハードな「技術」の進歩だけではない、ということである。ハードな技術と並んで、いや場合によってはそれ以上に、ノウハウや経営力などソフトな「技術」が重要なのである。

今や文字どおり世界を席巻したスターバックスのコーヒーそのものに、特別優れたハードな「技術」があるとは思えない。成功の秘密は、日本では「喫茶店」、ヨーロッパで「カフェ」といってきた店舗空間についての新しい「コンセプト」、「マニュアル」、そして「ブランド」といった総合的なソフト・パワーにある。それが国際競争力を持ち付加価値を生むのだから、スターバックスの誕生はまさに「技術進歩」、イノベーションなのである。

一国経済全体すなわちマクロ経済における「技術進歩」は、産業構造の進歩によってももたらされる。例えば、高度成長が始まる直前１９５０年、日本経済のおよそ４分の１（国民所得ベース）は農業を中心とする第一次産業だった。就業者で見ると、ほぼ半数が第一次産業に従事していた。当時、農業の労働生産性は近代的な工業の５分の１ほどであった。よく知られているとおり、高度成長期を通して日本の産業構造は農業から工業、さらに第三次産業へと大きく変化した。生産性の低いセクターから高いセクターへ労働や資本がシフトすれば、それぞれのセクターにおけるハードな「技術」が変わらなかったとしても――もちろん現実にはそれも変化したのだが――経済全体で労働生産性は上昇する。

高度経済成長の時代

このようにマクロの労働生産性はさまざまな理由で変わる。問題はそれが定量的に見てどれほどの大きさなのか、ということである。この点は過去の実績を見るのが何より参考になる。「実績」と一口に言ってもいろいろな見方があるが、ここでは「労働生産性」という尺度に注目して、生のデータを見ることにしよう。

図表2-7は、「高度成長期（1955～70年）」と、「第1次オイルショック（1973～74年）以降バブルが終焉する1990年まで」、それぞれ15年間の二つの期間における実質GDPと労働力人口（15歳以上人口のうち、就業者と完全失業者を合わせた人口）の推移を比較したものである。高度成長期における日本の経済成長率がほぼ10％（表では9・6％）だったことは、多少とも経済に関心を持つ人なら誰でも知っている。東京でオリンピックが開催された（1964年）時代だ。オイルショック後バブルが崩壊するまでの期間に、成長率が4％台に低下したこともよく知られている。

図表2－7　労働力人口と経済成長の関係

高度成長期

	1955年	1970年	年平均成長率
実質 GDP	47.2兆円	187.9兆円	9.6%
労働力人口	4230万人	5170万人	1.3%

第1次オイルショックから「バブル」の終焉まで

	1975年	1990年	年平均成長率
実質 GDP	234.2兆円	463.1兆円	4.6%
労働力人口	5344万人	6414万人	1.2%

出所）実質 GDP は内閣府「国民経済計算」、労働力人口は総務省統計局「労働力調査報告」

経済成長率と比べてほとんど知られていないのは労働力人口の推移だ。表にあるとおり、高度成長期、オイルショック以降、労働力人口の平均成長率はそれぞれ1・3％、1・2％であり、ほとんど変化していない。

図表2－7を一瞥するだけでも、高度成長が労働力人口の旺盛な伸びによって生み出されたものではない、ということが分かるはずだ。高度成長は、労働生産性の伸び（9・6％－1・3％＝8・3％）によってもたらされたものなのである。同様にして、オイルショック以降経済成長率が4・6％に低下したのも、労働力人口の伸びが低下したからではなく、労働生産性の伸びが8・3％から3・4％へと5％近くも低下したからである。

高度成長のメカニズム

経済成長はこのように労働力の伸びで一義的に決まるものではない。経済の供給サイドだけではなく、需要の動向も考えなければならない。需要と供給が相互に影響しながら生まれる経済成長は、「歴史的」と言ってもよい複雑な現象なのだが、この点を理解するためには、日本人なら誰もが知っている「高度成長」の時代、およそ1955年から70年にかけての15年を見るのが一番だろう。詳細は拙著『高度成長　日本を変えた六〇〇〇日』に譲りたいが、高度成長のメカニズムは、図表2-8のように要約できる。

高度成長が始まる直前、1950年代の日本は今とはまったく異なる世界だった。1950年には、日本の就業者の実に48％は農業・林業・水産業など「一次産業」で働いていた。働く日本人の2人に1人は「農民」だったのである。彼らは、農村で3世代同居の暮らしをしていた。そうした農村はもちろん、都市ですら、家の中に今では当たり前に思うモノは何もなかった。テレビはない、ラジオの時代だった。電気洗濯機はなく、洗濯は手でする骨の折れる仕事だった。冷蔵庫はあったが、電気ではなく氷で冷やすものだった。だから、都会の商店街にはどこでも「氷屋」というのがあり、店先では氷柱をノコギリで適当な大きさに切っていたものだ。電話もない。蛍光灯はなく裸電球。要するに、戦前からの生活の延長のような畳の部屋を中心とする家の中には、何もなかったのである。

人々は、当時「3種の神器」と呼ばれた白黒テレビ、電気冷蔵庫、電気洗濯機など、こう

図表２‐８　高度成長のメカニズム

〔A〕国内の循環

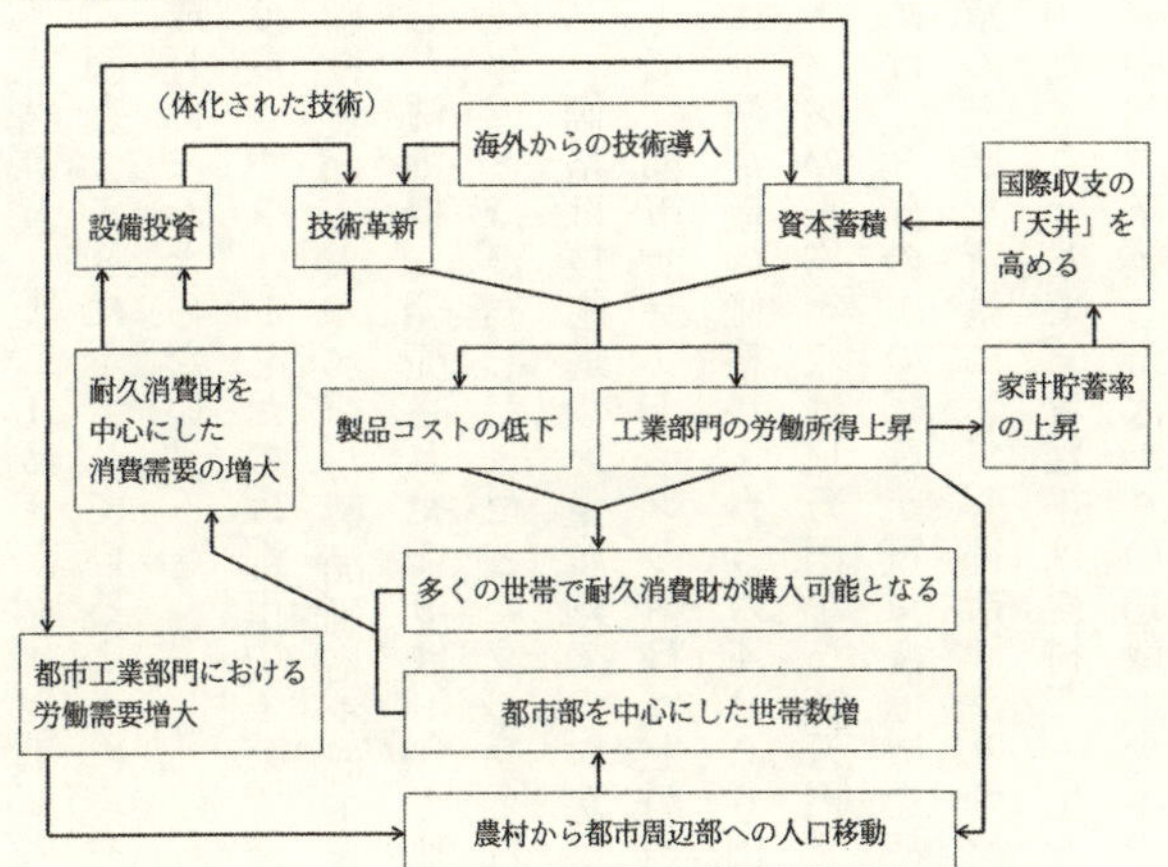

〔B〕輸出と輸入原材料

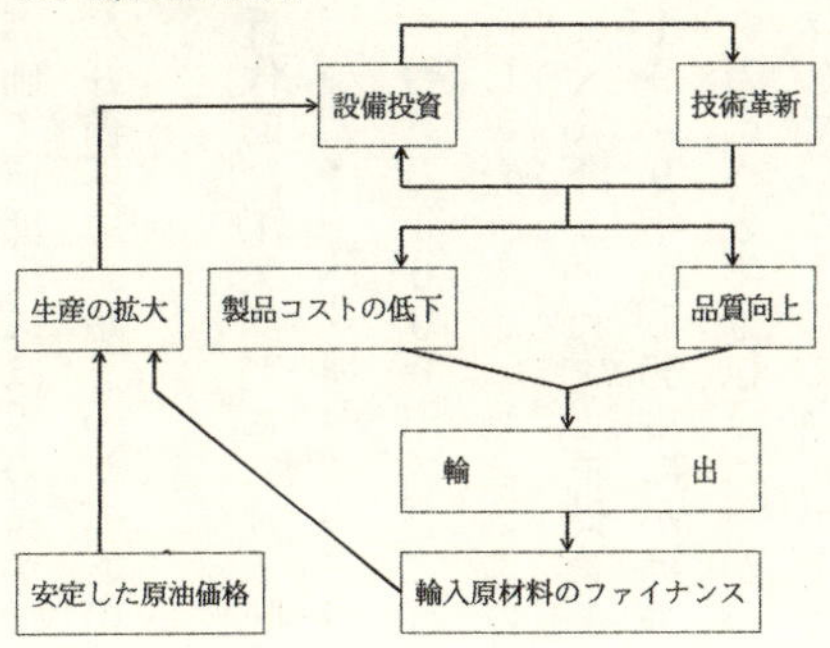

出所）吉川（2012）

した製品を渇望した。しかし、はじめはいずれも高価で、庶民には手の届かない高嶺の花だった。図表2-8に示されているように、やがて「好循環」が始まった。この好循環こそが高度成長にほかならない。

高度成長をリードしたのは都市の工業である。近代的な工業部門における旺盛な技術革新と設備投資は、人々が望む製品価格を低下させた。例えば、「3種の神器」の一番手として登場した洗濯機。発売された1949年の価格は1台5万4000円で、これは大卒公務員の初任年俸とほぼ同じだったという。ひと月に20台しか売れなかったというのは当然だろう。しかし、価格は技術進歩と量産効果のおかげでぐんぐん下がった。と同時に、生産性の上昇に伴って、都市サラリーマンの給料は上がった。1949年から55年にかけて、わずか6年の間に、洗濯機の価格が1台5万4000円から2万円へと半分以下に下がる一方、都市サラリーマンの平均年収は14万円から36万円まで上昇した。こうして発売からわずか6年後の55年には、3分の1の家庭が電気洗濯機を持つことになった。

工業の発展を背景にして、都市サラリーマンの給料はぐんぐん上がり、しかもまだ人手不足だった。こうして、昔ならば農村で一生を終えたであろう若い男女は、次々に都市に向かった。中学を卒業したばかりの15歳の少年少女たちの「集団就職」は、この時代の農村から

図表2-9　世帯数および人口増加率

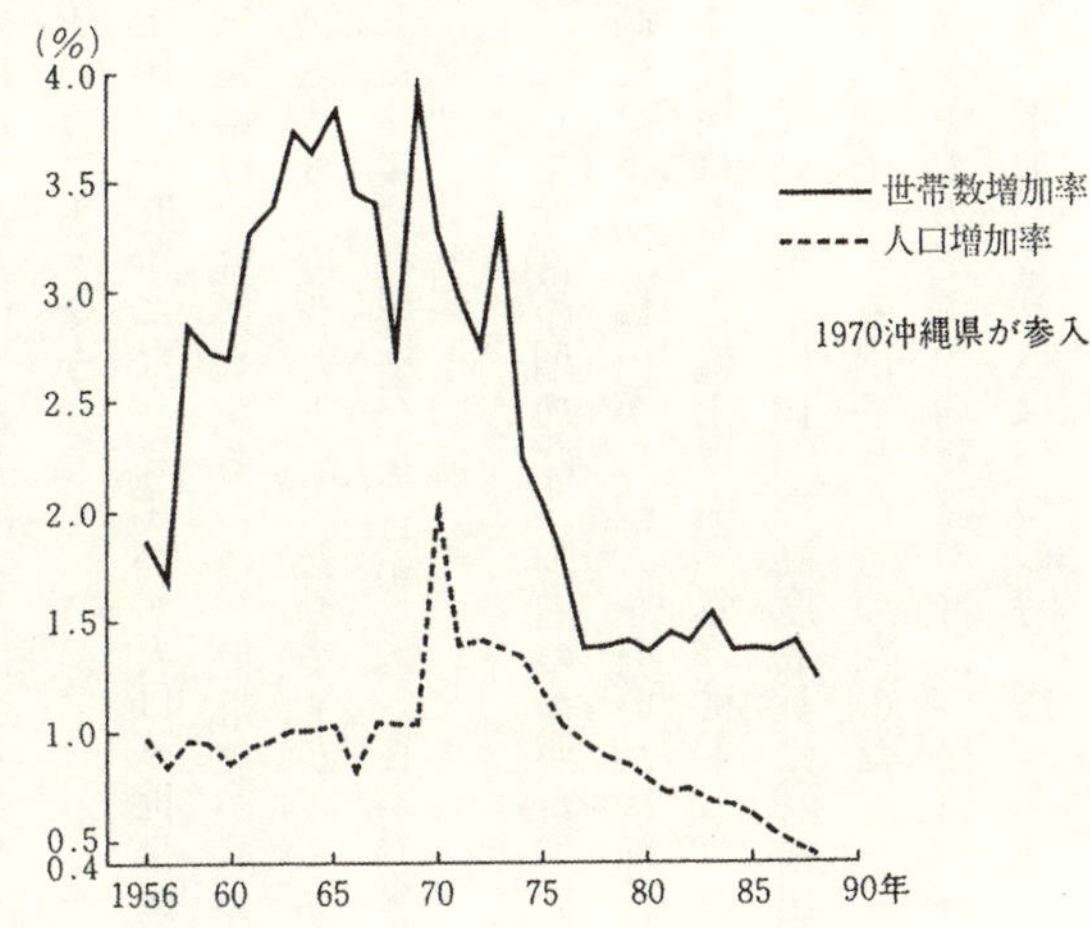

出所）吉川（2012）

都市への人口移動を象徴するものである。都市に移動した人々は新たな世帯を構える。高度成長期、世帯数は人口の増加をはるかに超える高い率で増大した（図表2-9）。農村で3世代同居の暮らしをしていれば、冷蔵庫も洗濯機も1台あれば十分だが、若い人々が都会で新しい世帯を持てば、冷蔵庫も洗濯機ももう1台要る。もちろん、家も1軒よけいに要ることになる。そうした変化は、同時代的にも政策当局者によって認識されていた。1967年に行われた座談会では次のような指摘がある。

森田〔一世帯当たり〕平均五人から四

人になったということは、人口がふえなくても、住宅は二割五分ふやさなくてはならないということですからね。

上田　一昨年になりますが、人口・世帯概数が発表になっておどろいたことは、人口が減った県は二五県もあるのに、世帯数が減った県は一つもないということですね。これだけでも大変な変化だと思ったのですが、一%抽出集計の結果をみてそれがはっきりわかりました。（「新春座談会　人口からみた日本の現状と将来」『統計』1967年1月号）

こうして世帯の増加は、国内の需要を増大させた。

高度成長期、輸出から輸入を引いた「純輸出」の経済成長への貢献は、ほぼゼロである。日本経済は昔から輸出に引っ張ってもらい成長してきた、と思っている人が多いが決してそうではない。年平均10%の高度成長は、輸出によって牽引されたものではなく、旺盛な国内需要によって生み出されたものなのだ。

人々が求めた耐久消費財の普及、農村から都市への人口移動、その結果として生まれた世帯数の増加、これらはいつの時代にもありうる「無色透明」なものではなく、1950年代から60年代の日本の経済社会にたった1回与えられた「歴史的」な条件である。高度成長は、こうした歴史的条件の下に生まれた。経済成長が人口の増加だけによって生まれる機械的な現象ではないことは、日本の高度成長を振り返れば理解できるはずである。

ＡＩ、ＩＴは人間の仕事を奪うか

経済が人口の増加率をはるかに超える率で成長するということは、経済成長の帰趨を決するのは、労働力人口というよりむしろ労働生産性の推移だということを意味している。労働生産性の伸びは、「１人当たり」のＧＤＰの成長と言い換えてもよい。先進国の経済成長は、人口の成長というよりも、主として「１人当たり」ＧＤＰの成長によってもたらされるものなのである。すでに説明したとおり、労働生産性の上昇は、労働者の頑張り、やる気、体力ではなく、広い意味での「技術進歩」つまり「イノベーション」、資本蓄積、産業構造の変化などによってもたらされる。

労働力人口減少に対する危惧がある一方で逆に、新たに生まれる技術、とりわけＩＴや人工知能（Artificial Intelligence＝ＡＩ）の発達により将来、労働に対する需要は減っていく、極端に言うと、生産現場で人は機械に取って代わられてしまうかもしれない、という警告もある。ブリニョルフソン／マカフィー『機械との競争』は、タイトルが示すとおり、こうした見解を代表するものである。

現在はまだＡＩの言語理解能力は限られているが、「実力」は着実に向上してきている。国立情報学研究所で開発が進められている東大合格を目指す「東ロボくん」は、２０１５年11月に行われた大学センター試験模試の数学と世界史で、偏差値が60を超えて話題となった。私たち人間の仕事は、いつの日か「東ロボくん」などＡＩやＩＴによって置き換えられることになるのだろうか。この問題を考えるときには、いくつか注意しなければならないことがある。

第一に、ＡＩ、ＩＴによって置き換えられるのは、それまで人間が行っていた特定の仕事なのか、それともすべての人間労働なのか、両者をはっきりと区別することが重要だ。ＡＩ、ＩＴが、一般に機械が人間の行っていたある種の仕事・作業を代わりに行うことになるというのであれば、これは歴史上繰り返し起きてきたことであるし、現在もわれわれが日常的に経験していることである。先に言及した駅の自動改札機は分かりやすい例だろう。機械が導入されたことにより、そこでは人間の労働に対する需要、すなわち雇用は失われる。

しかし、機械化によってある職場で特定の仕事にかかわる雇用が失われるということと、人間の労働に対する需要が根こそぎ失われるということは、まったく別のことだ。多くの人は、具体的なイメージを伴いやすいということもあり、昔から人のやってきた仕事が機械に置き換えられ、雇用が失われることに恐怖心を持ちやすい。しかし、歴史を振り返ると、話はむしろ逆なのである。つまり、経済全体で労働に対する需要が旺盛で人手が足りなくなり、賃金が高くなる結果、ある種の仕事について「省力」のために機械が導入されてきたのである。そもそも18世紀イギリスで、ワットなどによって蒸気機関の発明・改良がなされたのも賃金の上昇に対するリアクションだった。AI、ITは人間の「頭脳」を代替する点で旧来の機械とは違う。しかし、ブルドーザーがそれまでは人間の「筋力」に頼るしかなかった仕事を代替したのと、本質的にどこか異なるのだろうか。

もう一つ忘れてはならないことは、AI、ITによってつくり出されるモノやサービスを消費するのは人間ということだ。消費する人間がそうしたモノやサービスを購買する。当たり前のことだがモノやサービスを買う人は、購買を可能にするだけの所得を得ていなければならない。すでに述べたとおり、歴史を振り返ると、伝統的に人間がやっていた仕事の多くは機械によって代替されてきた。しかしその結果、人間は「お払い箱」になったのではなく、むしろ労働生産性が上がり、賃金は上昇してきた。つまり、人々は機械のおかげで豊かになってきたのである。

少し細かいことを言えば、機械化が進む中で人々が得る所得は、賃金など労働によって得る所得と、機械を所有することによって得る所得（「資本」から得る所得）の二つを合わせたものになる。つまり、AI、IT社会では、人々の所得は労働所得とAI、ITの所有権から得る所得（間接的な利子所得等も含む）の合計になるということだ。過去200年の歴史の中では、機械化が進む中でも労働所得の比率（「労働分配率」と呼ばれる）がジリ貧に低下していくというようなことはなかった。むしろ先進国の労働分配率は、60～70％の水準でほぼ安定してきたのである。もっとも、今後、労働分配率は低下し続け、逆に資本の取り分がどんどん増大し、「大格差社会」がやってくる、という世界的なベストセラー『21世紀の資本』におけるトマ・ピケティのような主張もあることにはある。しかし今のところ、ピケティの主張に対しては、理論的にも実証的にも反論のほうが優勢である。

過去200年の歴史はともかく、AI、ITにより人間の労働が根こそぎ無用になるということは、本当にないのだろうか。実はこの問題は、今から200年以上前、ナポレオン戦争の頃に活躍したイギリスの経済学者デイビッド・リカードによって論じられた。アダム・スミスから始まる「古典派経済学」を完成した大経済学者リカードは、『人口論』のマルサスと長年論争を繰り返した人でもあった。主著『経済学と課税の原理』は1817年に刊行されたが、リカードは一貫して機械の導入は労働者の利益を増進すると考えていた。しかし、晩年に刊行した『原理』の第３版の末尾に新しく「機械について」と題する１章を付け加え、機械により労働者が著しく不利益を被ることがありうると主張した。こうしたリカードの主張に対しては、第１章でも紹介したスウェーデンの経済学者ヴィクセルが反論した。その後さらに、20世紀を代表する経済学者の一人であるサミュエルソンによっても、この問題は論じられている。ちなみにサミュエルソンの論文のタイトルは、「リカードは正しかった！」である（Samuelson〔1989〕）。リカードから２００年、これまでは機械により人々が貧しくなることはなかった。先進国の人々の豊かさは増進したのである。21世紀、ＡＩ、ＩＴによりついにリカードの予言は現実のものとなるのだろうか。

「第３次産業革命」とインダストリー４・０

われわれの主題に戻ろう。人口、労働力が減少するから経済成長は不可能だ。こうした議論が短絡的にすぎる、というのが本章の主張である。なおＡＩ、ＩＴによって人々の働く場がなくなるのではないかという問題は、その当否にかかわらず、人が減るからモノがつくれないという危惧とはまったく逆の問題だ。

人の数によって経済成長が決まるわけではないということとの関連では、ほかにも重要な論点がある。2012年、英国の『エコノミスト』誌は「第3次産業革命」という特集記事を掲載した。先進国の製造業の現場は中国をはじめとするアジアの国々へ流出したが、これからは3Dプリンターなどの登場によりモノをつくるときに必要となる人間の労働はどんどん少なくなる。『エコノミスト』の特集では、アップル社のiPadの小売価格499ドルのうち、製造コスト（原材料・人件費）は187ドル。さらに、その中で中国における労働コストは8ドルにすぎないことを例として挙げている。労働コストが生産量に占める割合は、産業ごとに異なる。しかし、いずれにしても21世紀には、「安い労働力」は大きなメリットではなくなる。むしろ新しいモノを売るマーケットに近いところでつくるメリットのほうが大きくなる。こうして、モノづくりの現場は再び先進国へ回帰するだろう。こう『エコノミスト』は主張した。

英国の『エコノミスト』誌が「第3次産業革命」と言ってからほどなく、ドイツではメルケル首相自らが先頭に立って旗を振る「インダストリー4・0」、すなわち「第4次産業革命」が始まった。ドイツ南部にある人工知能研究センターにシーメンスはじめ代表的な企業が集い、複数の生産ラインをAIやインターネットにより最適に組み合わせ、「未来の工場」を実現しようという実験だ。ＩｏＴ（インターネット・オブ・シングス）とも呼ばれる。3Ｄプリンターを用い、ＡＩとＩＴによってコントロールされるこの究極の無人工場では、人手をかけることなしに少量多品種生産が可能になる。一つの商品の部品生産から販売までを統合するだけではなく、産業間の統合をも目指す。これが実現すれば、ドイツの製造業の生産性は10年以内に1・5倍になるという。

第3次産業革命にしても第4次産業革命にしても、それが18世紀の元祖産業革命ほどのインパクトを与えるのか否かはいまだ未知数だ。そうこうするうちに、第5次、第6次産業革命と呼ばれる変化も生じるに違いない。その帰趨は分からないが、一つだけはっきりしていることがある。それは先進国の経済成長は、人の数で決まるものではなく、イノベーションによって引き起こされる、ということである。

第3章　長寿という果実

ケインズやミュルダールが1930年代に警告したように、20世紀の先進国経済が直面する問題は、人口の増加から減少へと変わった。「豊かさ」の中で人口減少が始まったのである。

しかし、そもそも経済的に豊かな先進国で人口が減少するというのは、マルサスの「人口の原理」に反する。1人当たりの所得水準が上がれば、子どもがたくさん生まれ、人口は増える。これがマルサスの基本命題だった。マルサスからインスピレーションを得たダーウィンの『種の起源』でも、さまざまな生物は互いに少しでも多くの食料を獲得すべく生存競争を行い、成功した生物の数は増えることになっている。実際、今日でも野生の動物や鳥の増減について、そうした「原理」による説明をわれわれは日常よく耳にするのである。ところが人間の数は、1人当たりの所得が上昇する中で減少し始めた。これは決して自明のことではない。

もう一つ、人口が減少するのと並行して始まったのが、平均寿命の延びである。今日、私たちは寿命の延びを当たり前のことと考えがちだ。しかし、これも決して当たり前のことではない。マルサスは寿命の延びを明確に否定していた。

本章では、改めて先進国における人口減少と寿命の延びについて考えてみることにしよう。次章で見るとおり、これはイノベーションとも大いに関係することなのである。

先進国における出生率の低下

人口減少の兆候はすでに19世紀の終わりから顕在化していた。ブレンターノと言っても、この名前を知っている人はほとんどいないだろうが、かつて隆盛を極めた「ドイツ歴史学派」のリーダーの一人である。第一次世界大戦前のドイツで、マックス・ウェーバーらとともに活躍した。

ブレンターノ(1844~1931)は、19世紀末のヨーロッパの人口動態を調べ、いずれの国でも平均所得水準は上昇しているにもかかわらず出生率は低下しているという事実を見出し、マルサスの学説に異議を唱えた。マルサスによれば、所得水準が上がれば人々は子どもをたくさん産むようになり、人口は増加するはずなのだが、ブレンターノは、逆のことが起きていることを発見したのである。

一国全体の出生数は婚姻率によっても影響を受ける。しかし、婚姻率よりも、結婚したカップルが持つ子どもの数の減少のほうが、出生率の低下にはるかに大きく寄与している。こうした事実をブレンターノは見出した。さらに、19世紀末から20世紀初頭にかけて30年ほどのヨーロッパ各国の出生率を地域、所得水準、職業別に詳しく調べていくと、所得水準の低い家庭では出生率は低下していないのに対して、反対に所得水準、教育水準の高い富裕層では出生率が顕著に低下している。これは「マルサスの原理」では説明のつかない「新しい現実」だとブレンターノは言う。

なぜ豊かな人々の間で出生率は低下したのか。ブレンターノは、先駆的な研究の中で、今もなお専門家によって検討が続けられているいくつもの論点を挙げている。社会の進歩とともに若い人々が楽しむモノやサービスの種類は拡大していく。そうしたモノやサービスを楽しむためには時間もかかるし、お金もかかる。その結果、多大の時間と経済的なコストを要する出産・子育ては敬遠されるようになる。人々は高い生活水準を保つために子どもの数を抑制する。また、少数の子どもに高い教育を授け、専門的な職業に就けたいと望むようになる。こうした流れに加えて、女性の意識の変化も指摘されている。

ところで、オペラの鑑賞、海外旅行（！）など新たな娯楽、女性の意識、高い教育水準など出生率を抑制するような時代の変化の影響を最初に受けるのは、容易に想像されるように経済的に豊かな階層である。中以下の所得水準の階層では伝統的な出生率が保たれている中で、まず富裕層で出生率の低下が始まった。文明が繁栄すると、マルサスが言ったのとは逆に、人口は減少する。こうしてローマ帝国も衰亡したのだ。ブレンターノの論文はそう結ばれている。

確かに、人間の長い歴史を振り返ると、豊かな国での人口減少は19世紀末のヨーロッパが初めて経験したわけではない。私がいつも思い出すのは、西洋古代史の村川堅太郎教授の「ギリシアの衰頽（すいたい）について」という論文である（『村川堅太郎古代史論集Ⅰ』所収）。衰退、滅亡と言うと、ローマ帝国が有名であるが、この論文は古代ギリシアの都市国家ポリスの衰退について諸説を検討した論文である。そこには、紀元前2世紀半ばに生きたポリビオスが当時のギリシアについて書き残した文章が引かれている。

「現在では全ヘラス（ギリシア）にわたって子供のない者が多く、また総じて人口減少がみられる。そのため都市は荒廃し、土地の生産も減退した。しかも我々の間で長期の戦争や疫病があったというわけでもないのである……人口減少のわけは人間が見栄を張り、貪欲と怠慢に陥った結果、結婚を欲せず、結婚しても生れた子供を育てようとせず、子供を裕福にして残し、また放縦に育てるために、一般にせいぜい一人か二人きり育てぬことにあり、この弊害は知らぬ間に増大したのである」（村川〔１９５４〕「ギリシアの衰頽について」『村川堅太郎古代史論集Ⅰ』）

歴史は繰り返す、ということか。

日本の出生率の推移

１００年前にブレンターノが見出したように、19世紀の末からヨーロッパの先進諸国、とりわけ経済的に豊かな階層では出生率が低下し始めた。図表３‐１は、わが国の出生数および出生率の推移である。簡単にするために、ここで「出生率」と言っているのは、正確には

図表３－１　日本の出生数と出生率の推移

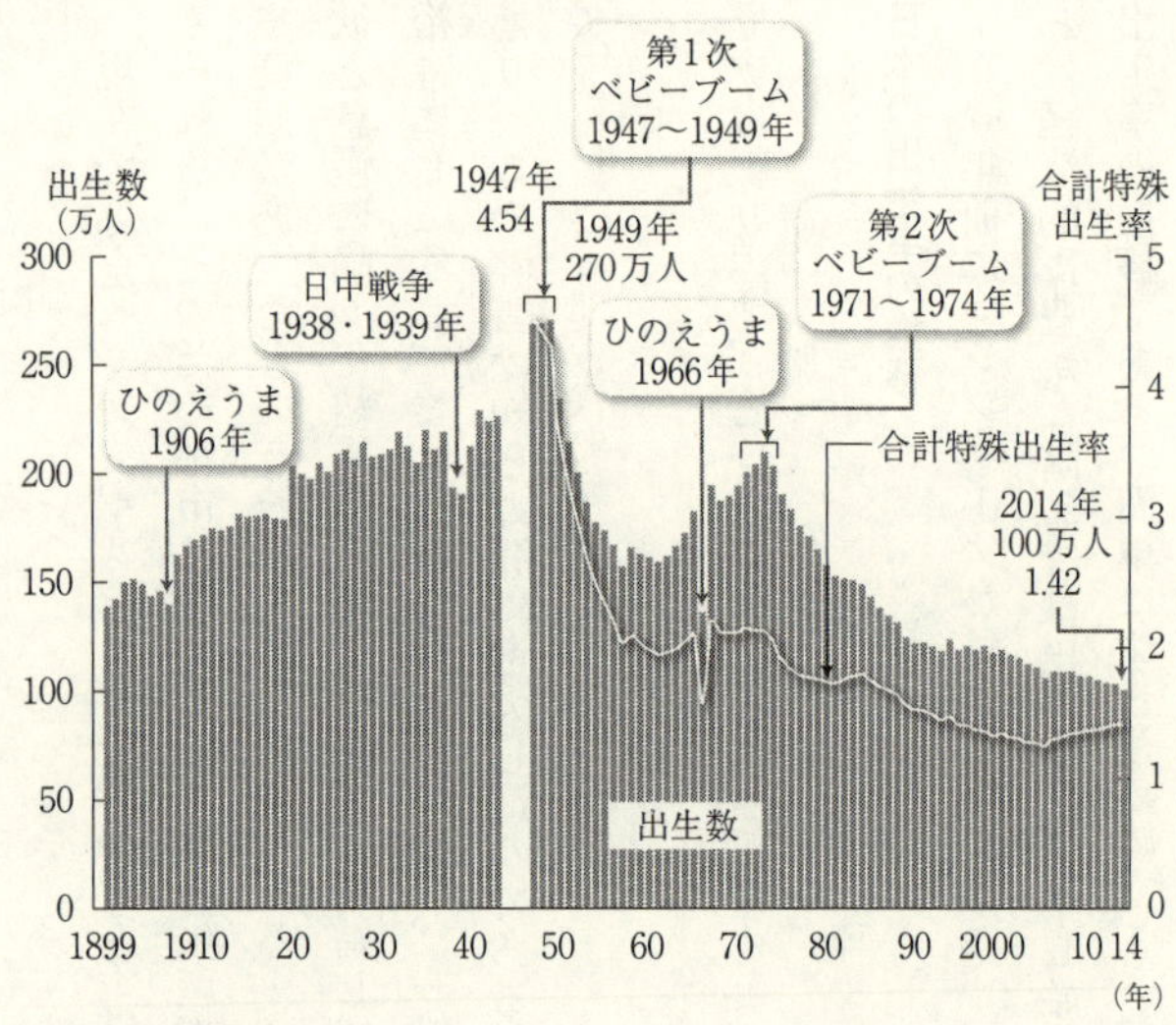

出所）人口動態統計

「合計特殊出生率」と呼ばれ、各年「母の年齢別出生数」を「年齢別女性人口」で割ったものを、15歳から49歳までの女性について合計したものである。第１章でも述べたとおり、これは平均的にみて「１人の女性が一生の間に産む子どもの数」である。

戦前すなわち20世紀の前半には、明治39年（１９０６）の「ひのえうま」、日中戦争の影響などが見られるものの、全体として出生率は増加した。戦後になるとなんと言っても１９４７～49年に生まれた「団塊の世代」の突出ぶりに圧倒される。団塊の世代はまさに20世紀１００年間のピークである。その

図表3‐2　年齢別出生率の推移

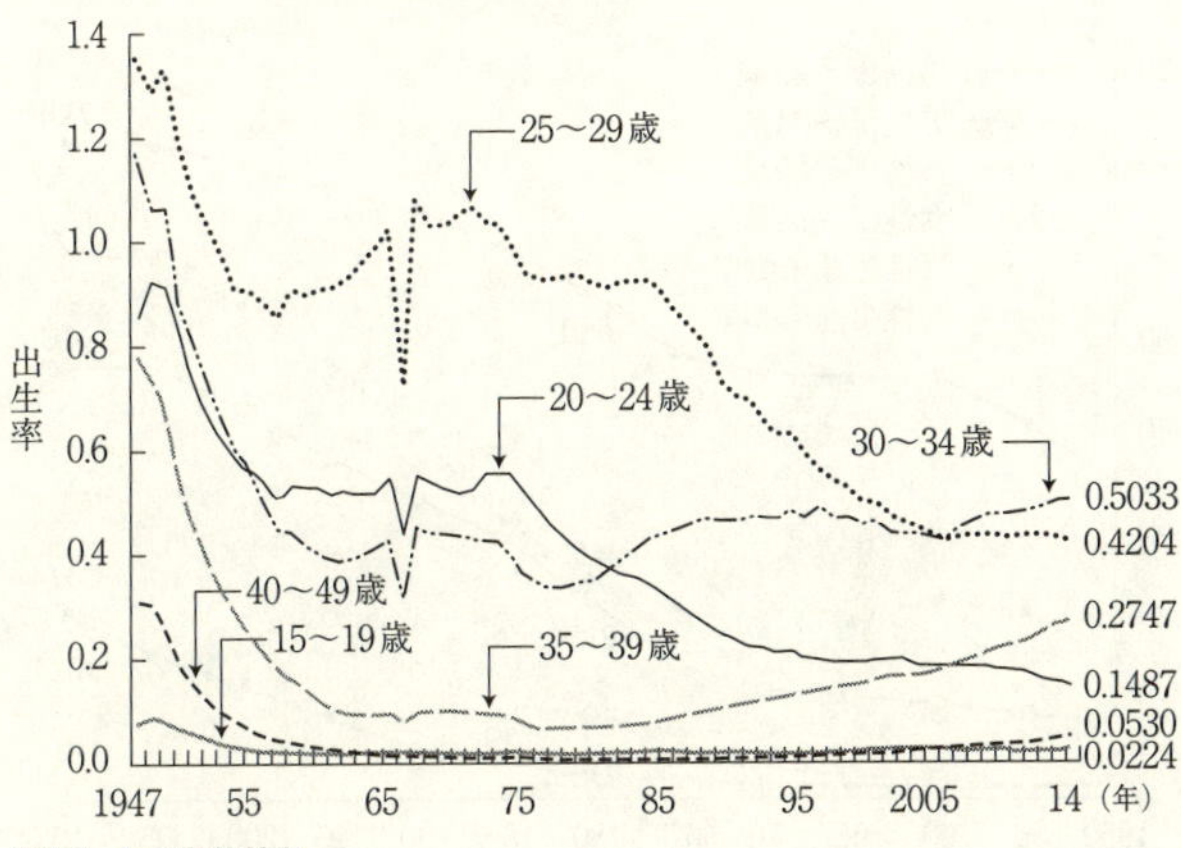

出所）人口動態統計

後は、出生数については1971～74年に、団塊の世代の子どもが生まれた「第2次ベビーブーム」の山があるものの、出生率で見るとほぼ一貫して低下が続いてきた。

親の年齢別に出生率の推移を見ると、図表3‐2にあるとおり20代での低下が顕著である。30代では逆に出生率は上昇しているが、これは結婚する年齢が上昇、つまり「晩婚化」が進んだからだ（図表3‐3）。30代前半で結婚していない女性は、1950年には5・7%、男性でも8・0%だったが、今では男性の半分近く、女性でも3人に1人が未婚である。結果、全体として出生率は低下した。人口減少、出生率低下の重要な原因の一つは「晩婚化」である。晩婚化だけでなく非婚化、つまり一生結婚しない

図表３‐３　生涯未婚率と年齢別未婚率の上昇

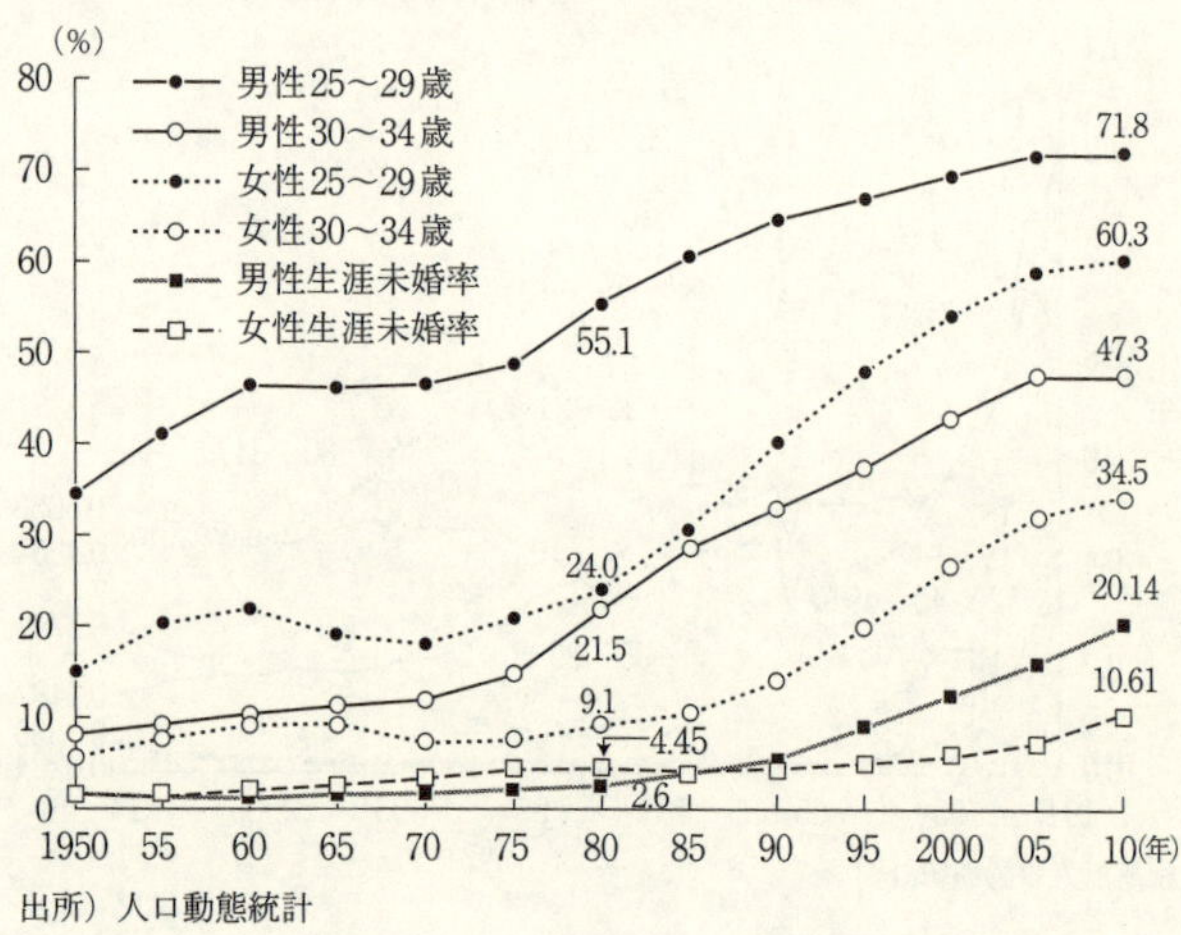

出所）人口動態統計

人の数も増えている。

２０１５年には出生率が１・46に回復し、ニュースとなった。出生率が１・45を上回ったのは、１９９４年の１・５以来21年ぶりのことだった。それでも人口が一定に保たれるために必要な出生率２・07には遠く及ばない。２０１５年も死亡者が出生数を上回り、人口は28万人減少した。

出生率の回復がなかなか進まない理由として、晩婚化、非婚化に加えて、ここではバブル崩壊後１９９０年代から始まった若者の労働条件の劣化についても触れておきたい。労働条件の「劣化」とは、非正規雇用の増加、賃金の低下を指す。

１９８４年には、非正規雇用の比率は雇用

者の15％だったのに、２０１４年にはそれが37％となった（厚生労働省「「非正規雇用」の現状と課題」）。もちろん非正規雇用の中には、自ら望んでパートの仕事を選んでいる人もいる。しかし、できれば正規の仕事に就きたいと希望しながら、そうした仕事を得られない「不本意」の非正規雇用に甘んじている人も多い。非正規の労働者は、雇用が不安定であるだけでなく、賃金も低い。そうした非正規の男性労働者（30〜54歳）の有配偶率を正規の労働者のそれと比べると、後者は74％であるのに対して、36％とはるかに低い（総務省「労働力調査」２０１４年平均結果）。経済的困難が結婚を阻んでいるのである。

寿命の延び

現代日本では経済的困難により結婚できない人が増えてきた、というマルサスの時代に戻ったかのような厳しい現実がある。しかし先進国の歴史を長期的に振り返ると、全体として見れば平均所得は上昇してきた。だから「先進国」と呼ばれるようになったのだ。ところが、その先進国では、ブレンターノの指摘どおり、19世紀末から平均所得が上昇したにもかかわらず、出生率が低下した。これはマルサスの「人口の原理」に反する「新しい現実」である。所得が上がれば子どもを産む。これこそが「人口の原理」であったはずだ。

出生率の低下と呼応するかのように始まったのが平均寿命の延びである。この点でもマルサスの予言は大きく裏切られた。マルサスは、人間の寿命が延びることについて楽観的であったコンドルセを嘲笑するかのように批判し、次のように述べているからである。

人間の寿命にかんしては、有史以来、現在にいたるまで、それが長くなったことを示す傾向も徴候もまったく見られない。

しかし、こうしたマルサスの主張とは逆に、20世紀、先進諸国で人間の寿命はおおいに延びた。

日本が今日世界一、二を争う長寿国であることを知らない人はいない。しかし、これを当たり前だと思ってはいけない。日本人の平均寿命の延びは、戦後の日本が成し遂げた成果、「最大」と言ってもよい成果なのである。高度成長が始まる直前の1950年、わが国は先進国の中では寿命が最も短い国だった。このことは、今日多くの人が忘れてしまっている重要な事実だ。

中谷宇吉郎の驚き

「雪の結晶は、天から送られた手紙である」。美しい文章で知られる名著『雪』の著者、中谷(なかや)宇吉郎(うきちろう)博士は、戦争が終わってまだ5年しか経っていない1950年にアメリカを旅行した際の印象を、次のように書き残している。

> 今度のアメリカ訪問で、一番印象に残ったのは、老人が沢山いて、それが皆矍鑠(かくしゃく)として、元気で働いていることであった。街の綺麗になったことも、道路が田舎の隅までよくなったことも、自動車が多くなったことも、何もかも驚異であったが、それよりも、人間が健康で長生きをしていることが、一番羨しいことであった。
>
> ……
>
> 機械文明の極度の発達には、いろいろ議論も出ることであろう。現に水素爆弾で大騒ぎしているのは、それを作り得る国、アメリカ自身である。しかし科学が、人間の寿命をのばし、よぼよぼの年齢において、なお矍鑠たる健康を保たせることに、反対をする人は一人も無いであろう。そういう意味で、われわれは、アメリカの兵器や機械の発達だけに眼を奪われていることはいけない。アメリカの科学が、人間の幸福にほんとうに寄与してい

る方面にも、もっと注意する必要がある。（中谷［1950］「老齢学――長生きをする学問の存在」『中谷宇吉郎随筆選集』第2巻）

アメリカ人がビタミンやミネラルなど栄養について大きな関心を持っていることを紹介した上で、日本人ももっと科学的な栄養学を学ぶべきだと説いている。

というのは、アメリカ人の平均寿命の統計には、実は内心舌を捲いたからである。一九〇〇年、即ち明治三十三年における、アメリカ人の平均寿命は、四十七歳であった。ところが、それが四十年後の一九四〇年には、一躍六十三歳に延びている。一九四〇年といえば、今度の太平洋戦争勃発の前年である。ところで、それから二年のうちに、それが更に延びて、一九四二年には六四・八二歳になっている。日独同盟だ、シンガポール陥落だ、ソロモン海戦だと、日本の方では無我夢中になっていた時代の僅か二年間に、平均寿命が一・八二歳も延びているのだから、驚いた話である。（中谷［1950］前掲）

中谷博士がアメリカを訪問した当時、1940年代の平均寿命は、アメリカでは65歳（1

942年）であったのに対して、日本では男性50歳、女性54歳（1947年）だったのである。

平均寿命の推移

ここであらためてわが国の平均寿命の推移について振り返ってみることにしよう。前にも述べたとおり、今日、日本の平均寿命が世界のトップ水準にあることを知らない人はいない。2016年5月に世界保健機関（WHO）が発表した2015年のわが国の平均寿命は、男女合わせて83・7歳で世界1位であった。男女別に見ると、男性は80・5歳で、スイス（81・3歳）やアイスランド（81・2歳）を下回ったが、女性は86・8歳で世界1位だった。

こうした中、100歳以上の人の数も半世紀近く一直線に伸び続けている。1971年には339人だった100歳以上の人口は、2014年の敬老の日（9月15日）前には5万8820人となった。最高齢は116歳の女性で、2013年ギネスワールドレコーズで世界一の高齢者に認定されたそうだ。まさに日本は世界一の長寿社会だが、今ではややもすると、この事実を当たり前のことだと考えがちだ。中には日本人は昔から魚をよく食べるので長生きなのだ、などと思っている人すらある。

平均寿命は決して医療技術の発達と並行して単線的に延びていくようなものではない。同

図表3-4　日本とアメリカの平均寿命の推移

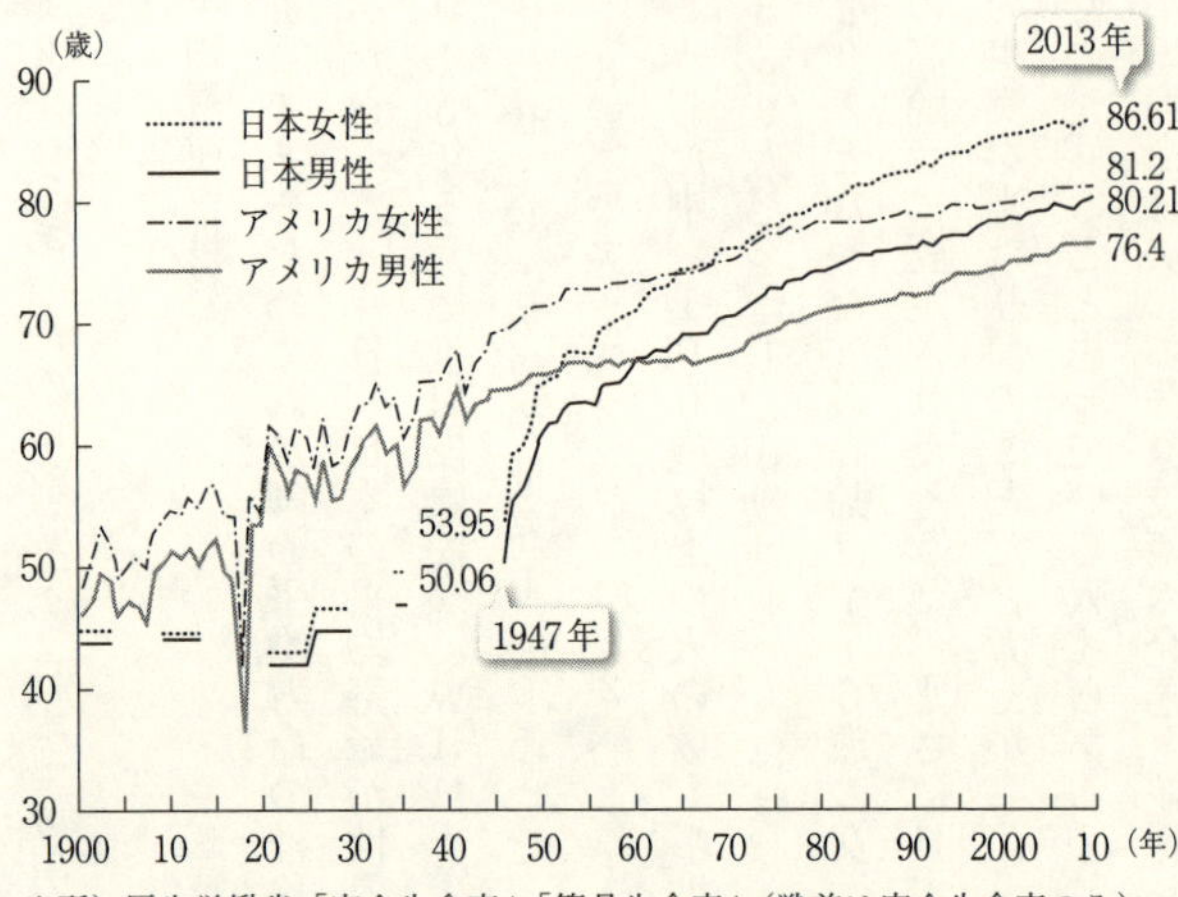

出所）厚生労働省「完全生命表」「簡易生命表」（戦前は完全生命表のみ）、*Historical Statistics of the United States*, National Vital Statistics Reports

じ人間でありながら、現在でも日本、香港、アイスランドほかヨーロッパの国々を中心に平均寿命が80歳を超える国もあれば、シエラレオネ、ザンビア、スワジランド等赤道直下のアフリカの国々のように40歳代のところもある。

ロシアの男性の平均寿命は、1980年代後半のソ連・ゴルバチョフ政権時に64歳ほどであったが、1991年のソ連崩壊後わずか3年で6歳も短くなり、1994年には57・6歳となってしまった。もっともその後は、2013年現在63歳まで回復している。多くの国で女性の平均寿命は男性よりも長い。しかし、トンガでは2013年男性73歳、女性70歳と男性のほうが長い。

このように平均寿命は、社会・経済の状態によって大きく左右されるものなのである。

さて、図表3・4は、20世紀から21世紀初頭の今日まで、100年あまりの日米の平均寿命の推移を男女別に見たものである。この図から分かるように、20世紀の前半、戦前には日本の平均寿命はほとんど延びなかった。中谷博士が嘆いた事実である。しかし、戦後は著しく延び、他の先進国を抜いて世界のトップ水準に達した。

戦前の寿命

1900年（明治33年）といえば、夏目漱石がロンドンに留学した頃だが、その当時の平均寿命は、アメリカ47歳、イギリス45歳、日本43歳であった。日本の平均寿命は英米に比べて若干短いが、今日の先進国グループと赤道直下のアフリカ諸国のような違いはなく、ほぼ同じ水準にあったと言える。

これは、考えてみると不思議なこととも言えるのである。というのは、今日の世界の国々の平均寿命の違いを見れば分かるように、平均寿命は1人当たりの所得水準と高い相関関係を持っているからだ。つまり、豊かな国では平均寿命は長く、逆に貧しい国では短い。ところで、1900年時点では、日本の1人当たりの所得水準は、世界のトップ水準にあった英米に比べてはるかに低かった。例えば、世界中の長期経済統計を調べたマディソンの研究によると、1900年の日本の1人当たり所得は、イギリスの4分の1、当時は世界有数の「先進国」だったアルゼンチンの半分以下、チリ、メキシコよりも低かったのである(Maddison〔1995〕)。いまだ「貧しい国」であった日本の平均寿命は、なぜ地球上で最も豊かな英米とほぼ同じ長さだったのだろうか。

有力な説明は、日本では英米に比べて工業化、都市化がはるかに遅れたからだというものである。これも一見すると不思議に思われるかもしれない。19世紀、英米はじめ先進諸国の経済発展は、伝統的な農業経済を脱し、工業化によってもたらされた。「産業革命」という言葉がこれを象徴する。工業化は同時に都市化を促進した。農村の田園地帯を離れ、人々は都市に集中した。日本でも1950〜60年代「高度成長期」に、こうした人口移動が著しいハイペースで起きたことは第2章でみたとおりである。

さて今日、われわれは、ともすると「進んだ都市と遅れた農村」というイメージを抱きやすいが、実は19世紀末、こと人々の健康という点からすると、都市は農村に比べてはるかにリスクの高い危険な場所だったのである。医学の未発達、公衆衛生の不備により多くの伝染病が「死に至る病」であった時代、人々が密集する都市は健康を保ち長生きするのにはきわめて不利な場所だった。

こうした時代、世紀の変わり目にロンドンに留学した夏目漱石も次のように書き残している。

> 倫敦（ロンドン）の町を散歩して試みに痰（たん）を吐きて見よ。真黒なる塊りの出るに驚くべし。何百万の市民は此の煤烟（ばいえん）とこの塵埃（じんあい）を吸収して毎日彼らの肺臓を染めつつあるなり。我ながら鼻をかみ痰をするときは気のひける程気味悪きなり。（『漱石全集』第13巻、1901年1月4日付「日記」）

アメリカ、イギリスをはじめ当時の先進国は、高い所得水準という有利な条件があったにもかかわらず、都市化の進展という不利な条件も併せ持っていたのである。逆に日本では、多くの人々がまだ農村部に暮らしていた。これが所得水準が低いという不利な条件を打ち消していた、というわけである。

こうして1900年時点で日本の平均寿命は、当時最も豊かであった英米とあまり変わらなかった。20世紀初頭、日本は同じスタートラインに立っていたのである。その後20世紀の前半、他の先進諸国では所得水準の上昇、医学の進歩、公衆衛生の発達により、平均寿命が順調にほぼ直線的に延びていった。図表3－4にあるアメリカは典型だが、イギリスはじめ多くのヨーロッパの国々でも同様である。

ところが、20世紀前半、日本では平均寿命はほとんど延びなかった。明治政府は基礎的な公衆衛生の充実に努めたが、20世紀に入り政府は軍備の増強に狂奔し、上下水道や病院の整備などを怠ったことが主因と言われている（人口学者ヨハンソン／モスクの説、Johanson/Mosk〔1987〕）。20世紀前半、戦前の日本は、健康／寿命という観点から見るかぎり大問題を抱えた国だったと言わざるをえない。

寿命への新自由主義的視点

こうした戦前の停滞とは対照的に、戦後になると寿命は順調に延びた。ここで少し脇道にそれるが、寿命について「新自由主義」的な見方を紹介しておこう。「市場原理主義」とも呼ばれる新自由主義と、寿命はいったい何の関係があるのか。いぶかしく思う読者もあるだろう。

新自由主義の立場をとる人は、市場における個人の選択こそが万事大切だと考え、一般に政府の果たすべき役割は小さいと主張する。政府は防衛や司法・警察など最小限のことをやっていればよく、小さければ小さいほどよい、という考え方である。こうした立場をとる新自由主義者は、政府による公衆衛生の整備が平均寿命の延びに貢献したということを認めたがらない。１９９３年にノーベル経済学賞を受賞したシカゴ大学の経済史家フォーゲルは新自由主義者の一人だが、20世紀先進国で寿命が延びたのは、あくまでも個人の選択——例えば健康に資するよう栄養価の高い食事をとるなど、あくまで個々人が自発的にとった行動の結果だと主張する（Fogel〔2004〕）。

政府による公衆衛生の役割を認めない新自由主義者の立場は、多くの日本人にはバランスを欠いた極論だと思われるのではないだろうか。こうした考え方は、先進国の中でアメリカ特有のものと言えるのかもしれない。アメリカは、21世紀になっても国民皆保険を持たない、先進国では例外的な国である。その背景には、共和党を中心に新自由主義的な考え方があるのである。

もちろん、すべての経済学者が政府の役割は小さいほどよい、と考えているわけではない。フォーゲルの批判者としては、ディートン（２０１５年ノーベル経済学賞）が代表的だ。すでに述べたように、フォーゲルは、経済成長により人々の所得が上昇すると自助努力を通して健康が増進し、その結果平均寿命も延びたと主張する。これに対して、ディートンによると、そもそも所得の上昇が健康を増進する程度は人々が通常考えるよりはるかに小さい。実のところ、『大脱出』という本の中で、彼が健康増進、平均寿命の延びをもたらす上で最も重要な要因として強調するのは、「知識」である。ディートンはフォーゲルと違い、政府の役割は認める。しかしそれは、「知識」の陰に隠れてしまっているような印象だ。「知識」は確かに重要だろうが、これから見る戦後日本の経験を理解するためには、「知識」ではあまりに抽象的にすぎる。

戦後日本の経験

さて、繰り返し述べているように、戦後は戦前と対照的に平均寿命が順調に延びた。戦争が終わると、ペニシリンやBCGワクチンの普及などにより当時難病だった結核が克服された。こうした医学の進歩が寿命の延びに大きく貢献したが、それでも1950年に渡米した中谷博士が嘆いたように、日本の平均寿命は先進諸国の中では最も短かったのである。

戦前の暗い過去を吹っ切るように、戦後、寿命が順調に延びた理由は三つある。どれが一番大きく貢献したというのではなく順不同だが、第一に、経済成長により1人当たりの平均所得が上昇したこと。第二に、医学の進歩、医者・看護師など医療関係者の努力。そして第三に、国民全体をカバーする「皆保険」の成立（１９６1年）である。

所得水準の上昇は、フォーゲルのような新自由主義者が言うとおり、確かに栄養価の高い食事をとることや、隙間風の入らない暖かい住宅に住むことを通して、平均寿命の延びに貢献したに違いない。ここでは一国の平均寿命に大きな影響を与える乳児死亡率について詳しく見ることにしよう。

19世紀から20世紀初頭にかけて経済発展の初期段階では、こと健康に関するかぎり都市は農村に比べてリスクの高い場所だった。このことについてはすでに述べた。実際、わが国で都市の死亡率が農村のそれを歴史上初めて下回ったのは、１９５０年代のことである。これは、所得水準が健康に与える影響が大きくなったこと、そして都市の平均所得水準が農村のそれより高くなったこと、以上二つのことを背景にして生じた。

乳児死亡率についてもこうした時代の変化が大きな影響を与えている。図表３-５は、乳児死亡率の推移である。１９５０年代の劇的とも言える急激な低下、それに続く60年代のさらなる低下、こうした低下傾向は80年代まで続き、その後は今日までほぼ安定した水準で推移してきていることが分かる。それぞれの時期、乳児死亡率の低下の背景には異なる理由が

図表3－5　日本の乳児死亡率の推移

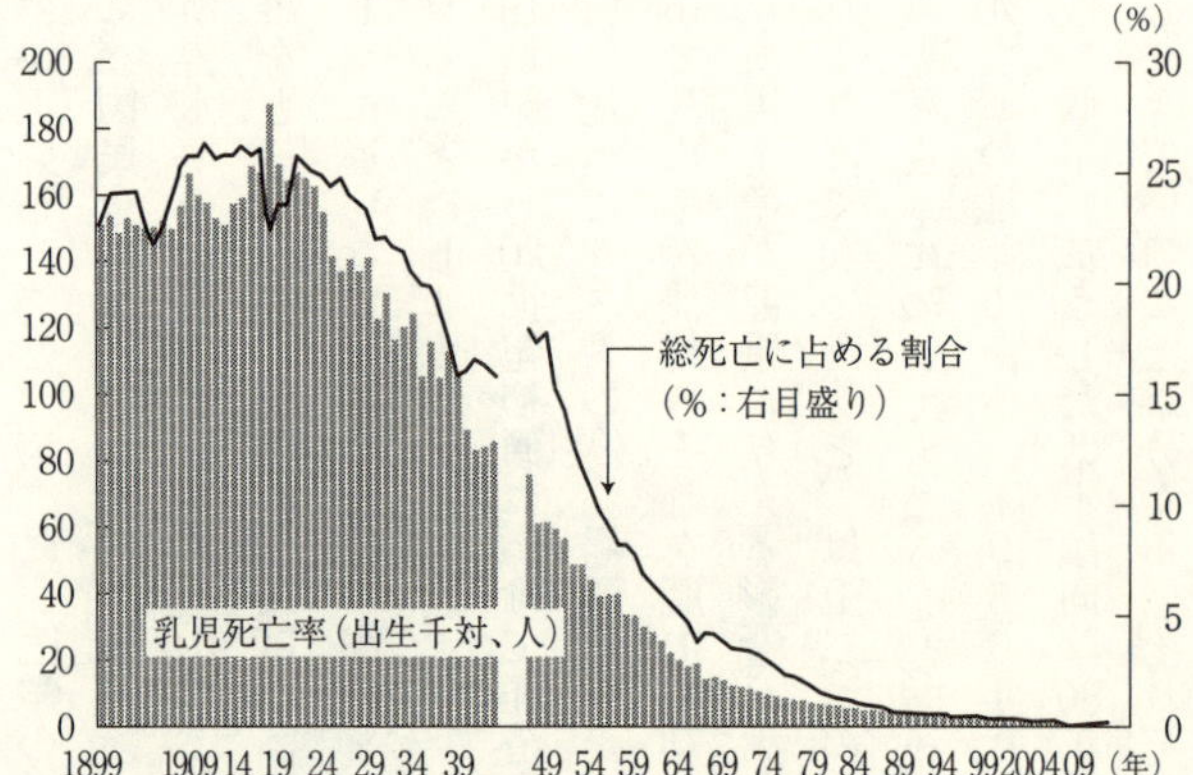

出所）人口動態統計

あることが指摘されてきた。

1950～65年の高度経済成長期については、県・市・郡別データを詳細に調べた小椋正立・鈴木玲子の優れた研究がある。この研究では、第一に、病院・診療所における出産が乳児死亡率を低下させたこと、第二に、自宅ではなくそうした医療機関における出産は、母親の教育水準等と並び家計の所得水準によって大きな影響を受けていたことが明らかにされている。

病院にせよ診療所にせよ、産科で出産することは今日では当たり前のことになっている。しかし戦後でも高度成長が始まる直前の1950年には、全体の97％は自宅出産だったのである。医療機関での出産比率が最も高かった東京においてすら自宅出産が78％だったというのは、今では信じられないことだろう。高度成長期を通して自宅出産の比率は下がり、大多数の出産は医療機関で行われることになるのだが、その普及プロセスでは家計の所得水準が大きな影響を与えたのである。この事実は、『大脱出』におけるディートンの主張、すなわち所得はあまり健康増進に大きな影響を与えない、という主張に対する反証と言える。

乳児死亡率が高かった高度成長前の時代には、地域差も大きかった（図表3-6）。いずれにせよ、乳児死亡率の低下は平均寿命の延びに大きく貢献した。

図表3-6　1947年の都道府県別乳児死亡率（出生千対）

都道府県	乳児死亡率	都道府県	乳児死亡率
全国	76.7		
北海道	82.8	三重	88.7
青森	99.7	滋賀	86.9
岩手	98.2	京都	68.8
宮城	75.4	大阪	79.9
秋田	97.0	兵庫	75.2
山形	92.0	奈良	91.1
福島	74.9	和歌山	70.8
茨城	81.2	鳥取	77.9
栃木	69.2	島根	76.0
群馬	66.1	岡山	80.0
埼玉	72.8	広島	67.9
千葉	77.4	山口	71.7
東京	62.4	徳島	85.4
神奈川	60.3	香川	81.5
新潟	72.4	愛媛	75.6
富山	95.5	高知	76.0
石川	86.9	福岡	80.8
福井	85.9	佐賀	95.8
山梨	63.2	長崎	80.6
長野	61.4	熊本	70.0
岐阜	74.4	大分	87.5
静岡	65.8	宮崎	73.6
愛知	73.9	鹿児島	74.1
		沖縄	-

出所）平成25年人口動態調査

国民皆保険の成立

近代的な医療保険制度は、19世紀末ドイツ帝国で「鉄血宰相」と言われたビスマルクが、台頭する社会主義への対抗策として導入したと言われている。わが国では工場労働者を対象にして1922年（大正11年）、「健康保険法」が公布された。しかし、戦後1955年になっても全国民を対象にした「皆保険」はなく、農民や自営業者など国民の3分の1には医療保険がなかった。わが国で「皆保険」が誕生したのは1961年である。

図表3-7は、1955年の「有病率」「受療率」「死亡率」を年齢階級別に見たものだ。年齢が上がるにつれて有病率、死亡率が高くなることは、「常識」だろう。ところが、驚くべきことに、受療率（病院・診療所を訪れ医者に診てもらう率）は年齢とともに下がっている。いつの時代も高齢者は若い人に比べて有病率が高いが、1955年には医療機関での受療率は高齢者のほうが低かったのである。その後、1961年に皆保険制度が成立すると、高齢者の受療率は若い人たちより高くなった（図表3-8）。皆保険が成立する以前には、多くの高齢者が病気になっても経済的な理由によって受療を抑制していたと推察される。今日では過大な受療が医療費膨張の一因として問題にされることもあるが、戦後の歴史を長期的な視点から概観すれば、皆保険が平均寿命の延びに重要な貢献をしたことは明らかである。ちな

図表3-7　1955年の年齢階級別の有病率、受療率、死亡率の分布

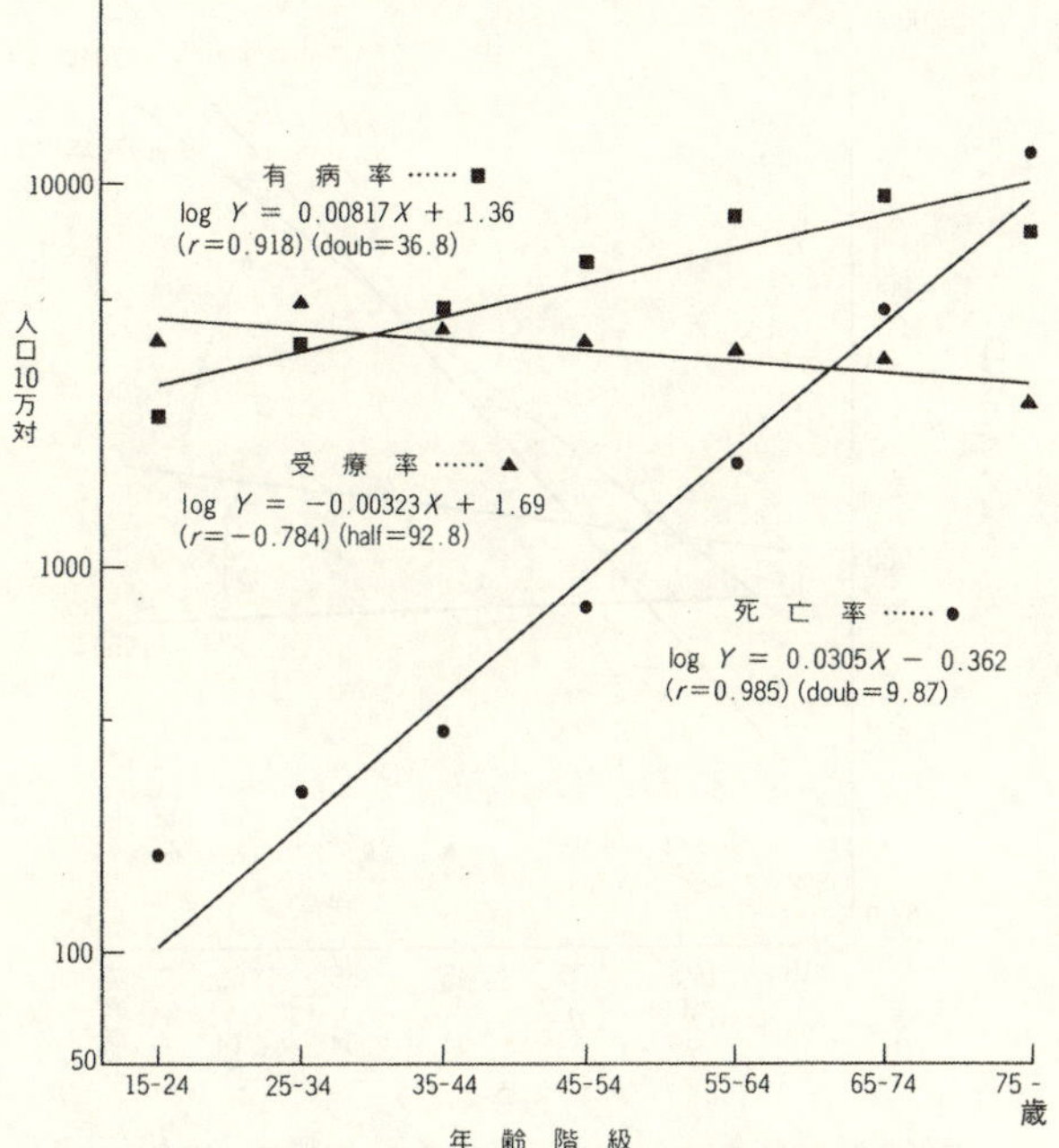

出所）根岸龍雄・内藤雅子「現状とその背景からみた21世紀の医療制度」、宇沢弘文編『医療の経済学的分析』

図表３‐８　年齢階級別の受療率の変化

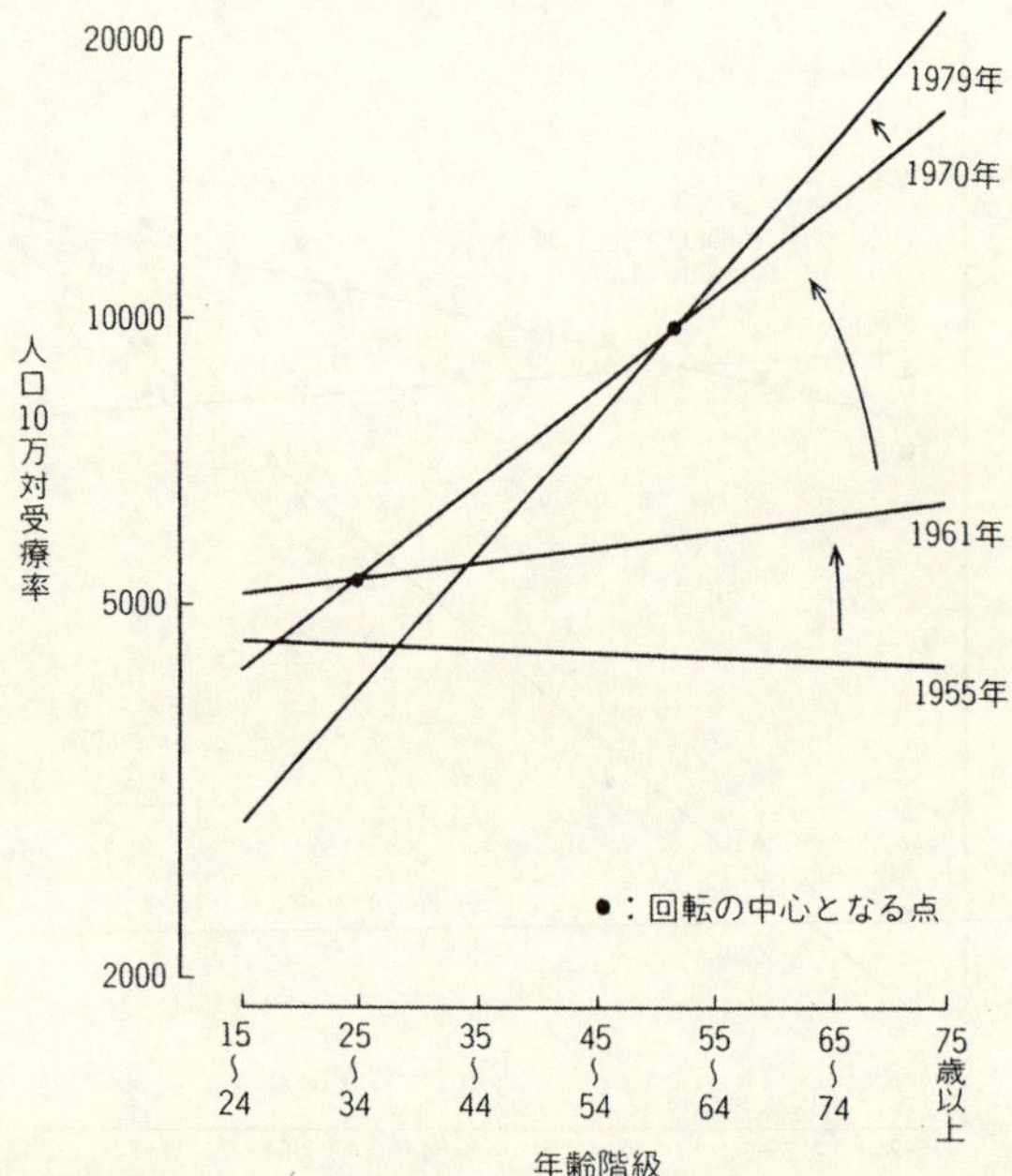

出所）根岸龍雄・内藤雅子「現状とその背景からみた21世紀の医療制度」、宇沢弘文編『医療の経済学的分析』

みに日本と並んで長寿のトップランナーである香港にも、入院してもどんな手術をしても一日の自己負担は１００香港ドル（２０１6年時点では約１４００円）という、国民の大部分をカバーする公的な医療保険制度がある。平均寿命の延びにも貢献してきた皆保険が、少子高齢化の下で財政的に厳しい状況にあることは、前章で見たとおりだ。

ジニ係数

所得、身長など何か数量にばらつきがあるとき、その分布について「格差」の程度をどのような指標で表せばよいのか。この問題は昔から論じられてきたが、今日、代表的な指標としてよく用いられるのは、イタリアの経済学者ジニによって考案された「ジニ係数」である。

具体的な例として１００人の人から成る社会の所得格差について考えよう。そのためにまず、所得の最も低い人を1番として、所得の低い順に１００人に番号をつける。所得の最も高い人は１００番である。次に、各人の所得がこの社会の全所得の何分の1を占めているか、所得シェアを調べる。その上で、この所得シェアを1番から１００番まで「累積的」に足していった数値を、縦軸に目盛ったグラフを描く。例えば、最も貧しい3人、すなわち1、2、3番の人の所得シェアが１／５００、１／４００、１／３００だとしよう。1番のところに

図表３-９　ジニ係数の考え方

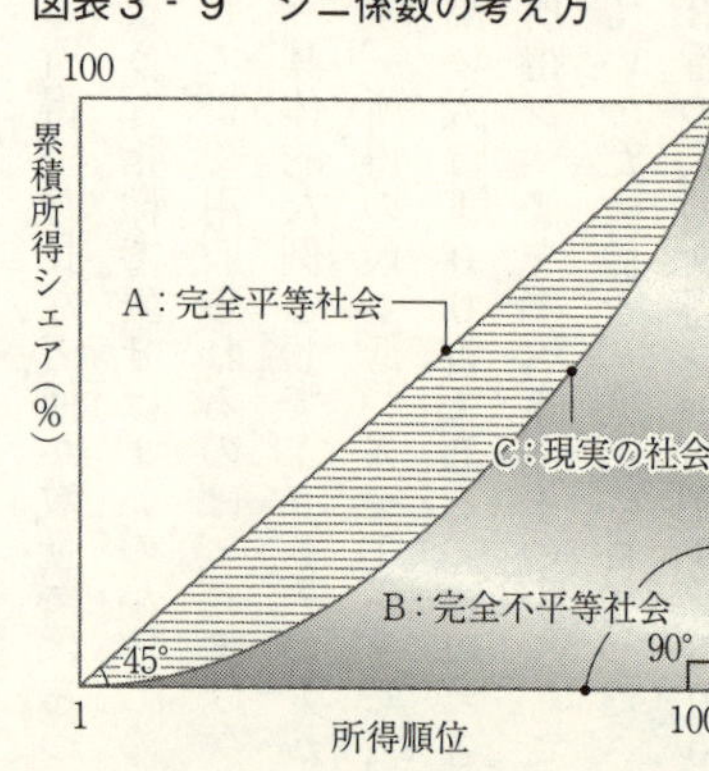

は1／500を目盛るのだが、2番のところは1／400ではなく、1／500＋1／400、同じく3番のところには1／500＋1／400＋1／300を目盛る。これが「累積的」に足してゆく、ということの意味である。こうして得られた曲線を「ローレンツ曲線」という。

ローレンツ曲線を理解するためには、二つの極端なケース、すなわち「完全平等」と「完全不平等」社会を考えると分かりやすい。「完全平等社会」ではすべての人の所得は等しい。したがって、各人の所得シェアはすべて1／100である。この場合のローレンツ曲線は、1番1／100、2番1／100＋1／100＝2／100、3番3／100となるから、図表3-9のAにあるとおり45度線になる。

逆に「完全不平等社会」とは、極端だが100人中99人の所得はゼロ、100番目の人が社会全体の所得を一人で手にしている社会である。この場合のローレンツ曲線は、1から99

番までゼロ（縦軸がゼロなので横軸に等しい）で、突然100番で1（所得シェア100％）にジャンプする直角に曲がった直線になる（図表3－9のB）。現実の社会ではローレンツ曲線は、45度線の下で図表3－9のCのような曲線になる。

ジニ係数は、ローレンツ曲線と45度線で囲まれた三日月の面積と、45度線を直角の対辺とする直角二等辺三角形の面積との比率として定義される（図表3－9）。完全平等社会のローレンツ曲線（A）は、先に説明したとおり45度線に等しいから、この場合、三日月は消えてしまい、その面積はゼロとなる。したがって、完全平等社会のジニ係数はゼロである。一方、完全不平等社会のローレンツ曲線は図表3－9のBのようになるから、この場合、「三日月」は直角二等辺三角形そのものに等しくなる。したがって、ジニ係数は1である。一般には図表3－9のCから分かるように、ジニ係数は0と1の間の値をとり、不平等の程度が低ければ0に近づき、逆に不平等の程度が高くなれば1に近くなる。

ジニ係数は、国により時代により異なる。所得分配が平等な国や時代もあれば、逆に不平等な国や時代もある。今日では図表3－10にあるとおり、平等社会として知られるアイスランドやノルウェー、デンマークのジニ係数は0・25、ドイツやフランスは約0・3、アメリカは0・38、日本はイギリスと同じく0・34程度である（2010年、OECD）。途上国で

図表3－10　各国のジニ係数（2010年、中国は2015年）

チリ	0.510
メキシコ	0.466
中国	0.462
トルコ	0.417
アメリカ	0.380
ポルトガル	0.345
イギリス	0.341
ギリシャ	0.338
日本	0.336
スペイン	0.334
オーストラリア	0.334
ニュージーランド	0.324
イタリア	0.321
カナダ	0.319
アイルランド	0.313
韓国	0.310
ポーランド	0.307
フランス	0.303
スイス	0.298
ドイツ	0.286
オランダ	0.283
ルクセンブルク	0.271
オーストリア	0.269
スウェーデン	0.269
フィンランド	0.265
ベルギー	0.264
チェコ	0.258
ノルウェー	0.249
アイスランド	0.246

出所）OECD Income Inequality Update (June 2014)
中国は中国国家統計局（2015）

は一般に不平等が大きい。チリ、メキシコのジニ係数は約0・5である。先進国では例外的にアメリカのジニ係数が高く、中進国であるトルコの水準に近い。

なお中国については、2000年代に入ってからジニ係数が国家統計局により公表されている。2015年は図表3－10にあるとおり0・462。08年には0・491だったから若干低下したとはいえ、依然高い水準にある。不平等は、社会主義国家である中国が今なお抱える深刻な問題である。

日本では、厚生労働省が3年ごとに「国民生活基礎調査」を用いてジニ係数を計算し公表している。図表3－11にあるとおり、1979年から2009年までジニ係数は上昇してきた（不平等度が高まってきた）。ただし、結果を解釈するときには注意が必要だ。と言うのも、

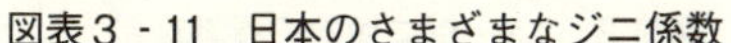
図表3-11　日本のさまざまなジニ係数

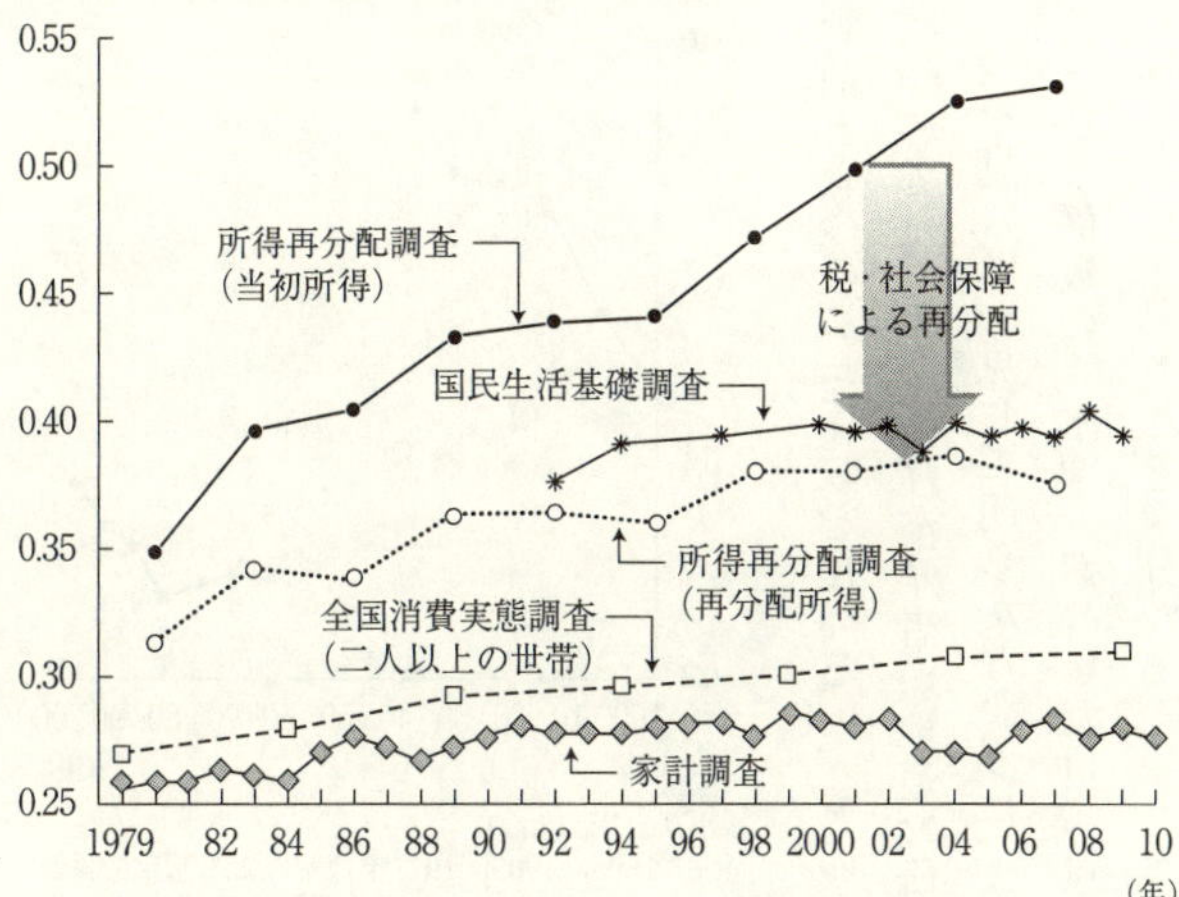

出所）厚生労働省「国民生活基礎調査」、総務省「全国消費実態調査」「家計調査」

年金を「所得」に算入しない「当初所得」で計算されたジニ係数も公表されているからである。これだと収入の柱が年金である高齢者の場合、所得が著しく低くなってしまう。そこで、年金を所得に算入した「再分配所得」を用いて計算したジニ係数も公表されている。これが図表3-11にある「再分配後」のジニ係数である。

図にあるとおり、再分配後のジニ係数は、当初所得に基づくジニ係数より低い。また上昇の度合いも緩やかになっている。このことは、当初所得を用いたジニ係数が上昇してきた大きな理由は「高齢化」だということを示している。第2章で見たように、わが国の財政はきわめて厳しい状況にあるが、超高齢時代に社会の平等を維持するための重要な制度が、年金・医療など社会保障なのである。なお図表３‐11には、「国民生活基礎調査」を用いて計算したジニ係数のほかに、「全国消費実態調査」「家計調査」を用いたジニ係数もあるが、後者は、よく用いられる「国民生活基礎調査」に基づくジニ係数より、水準がかなり低いことにも注意する必要がある。

図表３‐12　ジニ係数の長期変動

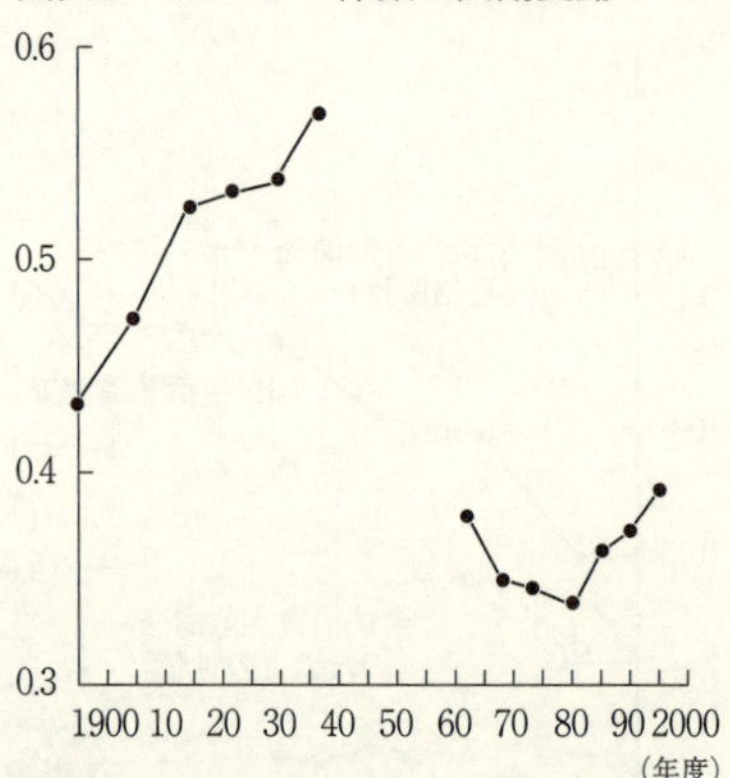

出所）南（2000）
注）1895、1905、1915年は南による暫定的推計。1923、1930、1937は南推計。戦後は溝口・寺崎推計。

戦前と戦後のジニ係数を比べると、どのような違いがあるだろうか。戦前の日本の所得分配については、多くの経済学者が地道な研究を積み重ねてきた。南（２００２）による図表３‐12を見れば一見して明らかなように、戦前は戦後に比べてはるかに不平等社会だった。戦前はジニ係数の「水準」が高いだけではなく、１９００年から１９３０年代にかけて不平等が著しく高まったことも分かる。

大金持ちの「金持ち度」

不平等を表す指標としてはジニ係数がよく用いられるが、トップ１％（１／１００）あるいは０・１％（１／１０００）の人たちが社会全体の総所得のうちどれだけのシェアを占めているか、すなわち大金持ちの「金持ち度」も分かりやすい指標である。２０１５年、来日とともに大ブームを引き起こし、著書『21世紀の資本』がベストセラーとなったフランスの経済学者トマ・ピケティは、もっぱらこの富裕層の所得シェアを用いて所得分配の問題を論じている。

図表３‐13は、ピケティと共同研究者によるトップ０・１％の所得シェアの20世紀１００年間の推移である。この図からも、日本を含めた先進国はどこも、戦前は大金持ちの所得シェアが高かったということが分かる。戦前には「本当の大金持ち」がいたのである。

興味深いことに、第二次世界大戦をはさんで戦争に勝った国、負けた国、いずれにおいてもこのシェアが急激に低下した。戦前の富裕層は「没落」した。日本では財閥解体、農地解放、預金封鎖とハイパー・インフレーション、富裕税などがこうした激変を生み出した。富裕層の所得シェアの著しい低下は、先に見た戦後におけるジニ係数の低下と一致している。

図表3-13　最上位0.1%の所得シェアの推移

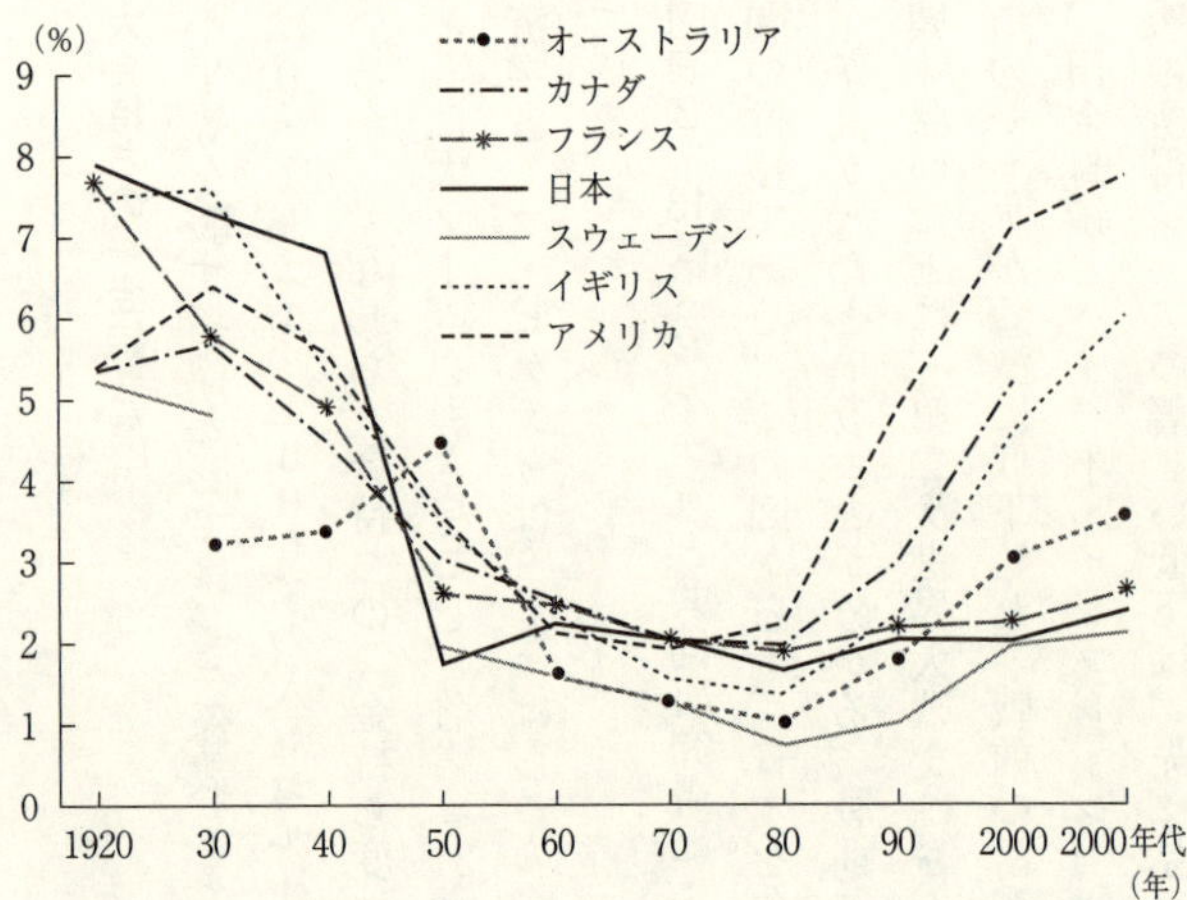

出所）Anthony B. Atkinson, Thomas Piketty, Thomas and Emmanuel Saez. "Top Incomes in the Long Run of History", *Journal of Economic Literature* 2011, 49:1, 3-71.

図表3-13を見ると、1980年頃から先進国間で異なる動きが生じたことが分かる。とりわけアメリカでは、トップ0・1%の所得シェアが一直線に上昇し、なんと2000年には1920~30年代に記録した戦前のピークを上回るところまで上昇した。1920年代と言えば、フォード1世、ロックフェラー1世、カーネギー、モルガン等、伝説の富豪たちが生きていた時代だ。アメリカでは現在、そうした時代よりも超富裕層の所得シェアが高くなったということだ。

2008年9月15日のリーマン・ブラザーズ破綻に端を発する深刻な不況

の中で、アメリカでは「ウォール・ストリートを占拠せよ」とか、自分たちはトップ1％以外（the rest of us）という意味で「99％」といったプラカードを持った学生・市民運動が盛り上がったが、図表3-13を見ていると納得できる感じがしてくる。ピケティの著書『21世紀の資本』がオリジナルである仏語版が出版された母国フランスより、やや遅れて英語版が出版されたアメリカで大ブレイクした背景が、こうしたところにあることはあらためて言うまでもないだろう。アメリカほどではないが、イギリスでもトップ0・1％の所得シェアは上昇してきた。しかし、アメリカ、イギリスとは違い、フランス、日本ではこうした傾向は生まれていない。この点については、第4章で再度触れることにしたい。

戦後は戦前に比べてはるかに平等社会になった。このことは平均寿命の推移とどのような関係があるのだろうか。平均寿命の延びには乳児死亡率の低下が大きく貢献する。すでに見たように、乳児死亡率は所得水準――とりわけ、それがある程度の水準に達するまでは――と高い相関を持っている。したがって、戦前、日本の平均所得が「中進国」並みであった時代には、所得の不平等は乳児死亡率の低下を妨げたに違いない。

寿命のジニ係数

「平均」寿命はたしかに重要な指標だが、一歩進んで寿命の「不平等」を見ることはできないだろうか。次に述べる方法を用いてわれわれは、寿命の不平等について知ることができる。すなわち同じ年に生まれた100万人について、1年以内に死亡した人から100歳で死ぬ人まで寿命のばらつきを調べるのである。それが分かれば、所得分配について計算したのとまったく同じやり方で、同じ年に生まれた人たち（このグループは「コーホート」という言葉で呼ばれる）の寿命の分布についてジニ係数を計算することができる。

同年生まれの人の寿命の分布は、死亡年齢別の死亡者数を1年ごとに過去にさかのぼり調べていけば推計できる。こうしてつくられた「寿命のジニ係数」についてペルツマンという学者が調べているので、ここで紹介しよう。大変に興味深い内容だ。

図表3-14は、統計が古くから整備されている先進5カ国の平均寿命と寿命のジニ係数の推移である。国ごとに違いはあるが、大きな変化は驚くほど似かよっている。18世紀後半から19世紀末まで「寿命のジニ係数」は0・5から0・4とかなり高い水準にあった。これは今日の先進諸国の所得分布のジニ係数よりはるかに高い。所得分配が著しく不平等な中南米諸国の水準である。

図表3-14　先進5カ国の「平均寿命」（上）と「寿命のジニ係数」（下）の推移

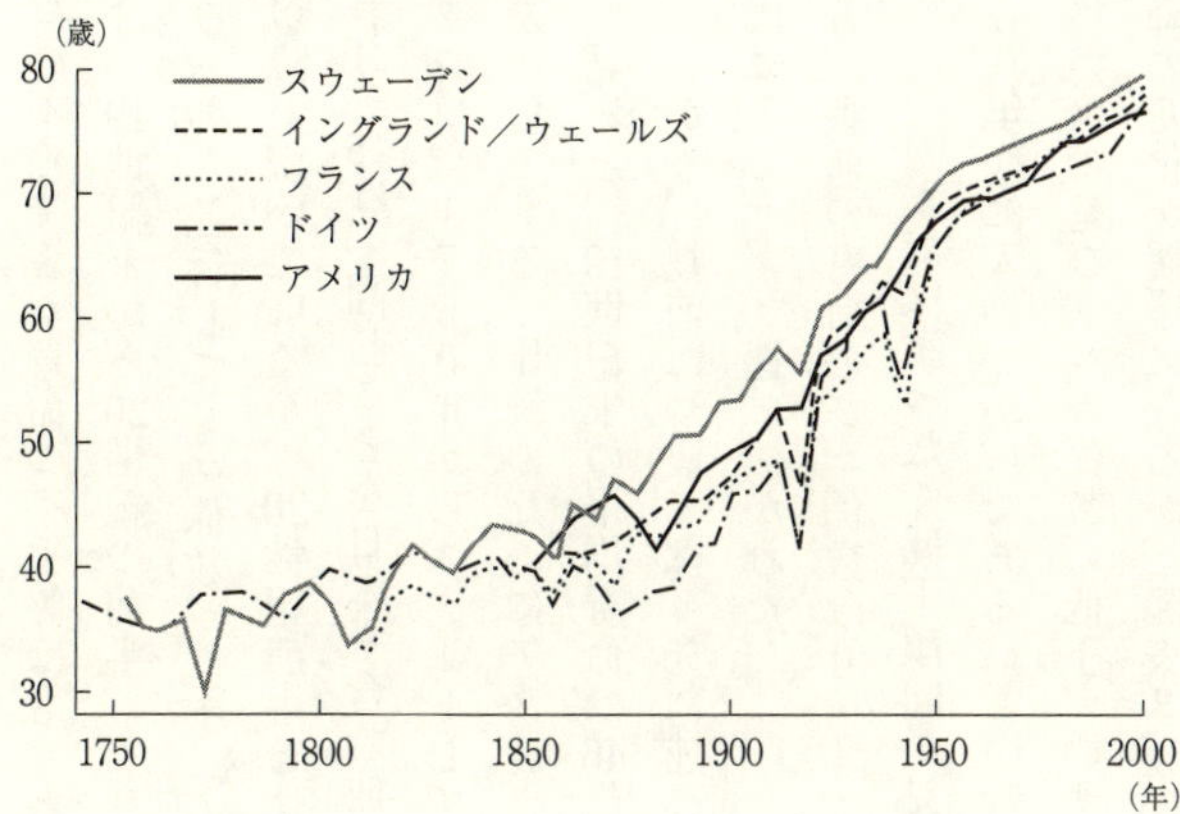

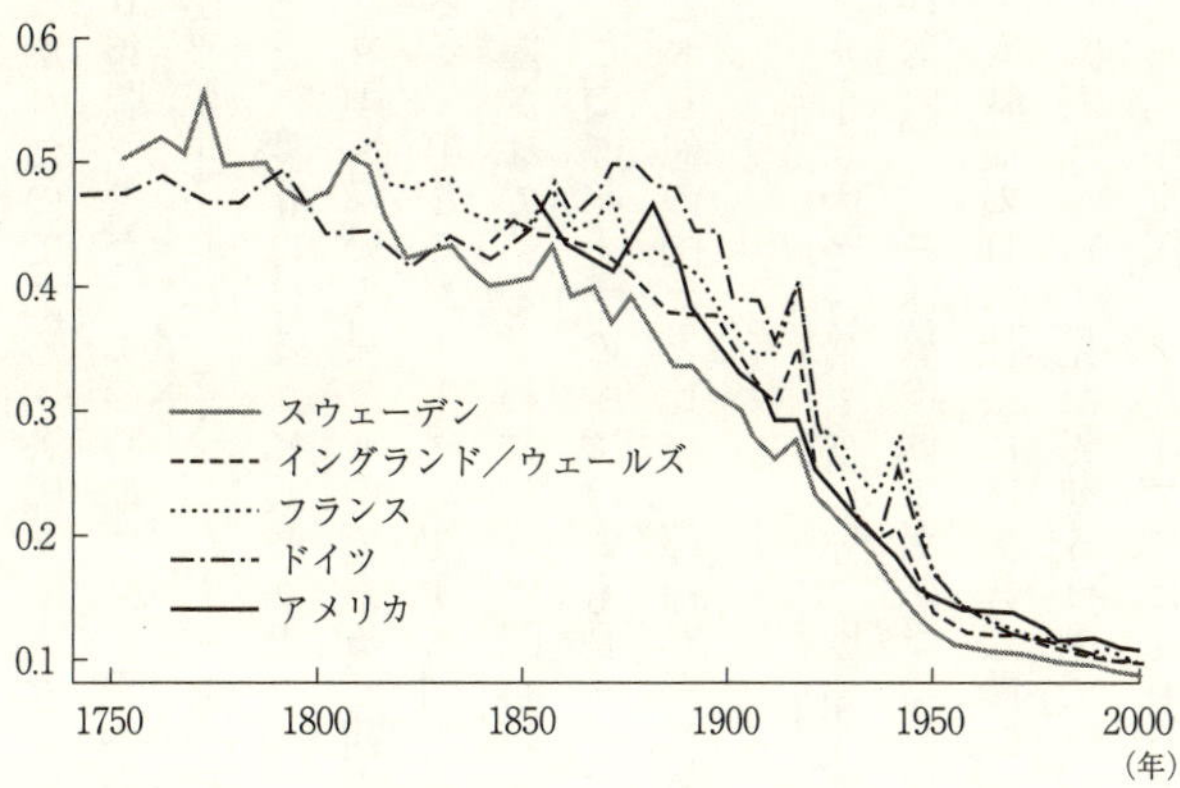

出所）Peltzman（2009）p.180, Figure 2

所得の不平等より寿命の不平等はもっと大きかったのである。各国とも大きな変化が生じたのは、19世紀末から20世紀の前半、1950年頃までだ。この時期には、平均寿命が著しく延びるのと並行してジニ係数が低下（寿命が平準化）した。こうしたトレンドは1950年代以降も続いているが、20世紀前半と比べると、変化ははるかに緩やかとなっている。図表3-15は、同じことを日本も含む他の5カ国について見たものである。前の先進5カ国のグラフは1750年からスタートしているが、第2のグループに関する図表3-15は19世紀末からである。比較のためにアメリカが再掲されている。われわれに関心のある日本について見ると、19世紀末の平均寿命は46歳で、このグループの中では最も長く、アメリカに近い。しかし、戦前については、先に述べたとおり他の国々と比べて停滞が著しく、1940年代に入ると、ソ連に抜かれた。

一方、戦前の寿命のジニ係数は0・4で、グループ内では最も低いが、関東大震災（1923年）の頃まではまったく低下傾向が見られない。ジニ係数の低下が始まるのはようやく1930年代に入ってからである。この意味でも戦前の日本社会には大きな問題があった。平均寿命の延び、ジニ係数の低下、いずれも図表3-14で見た先進5カ国では、1950年以降の変化が緩慢になるが、図表3-15にある「中進国」グループでは1950年以降も

図表3-15　日本を含む中進5カ国の「平均寿命」（上）と「寿命のジニ係数」（下）の推移

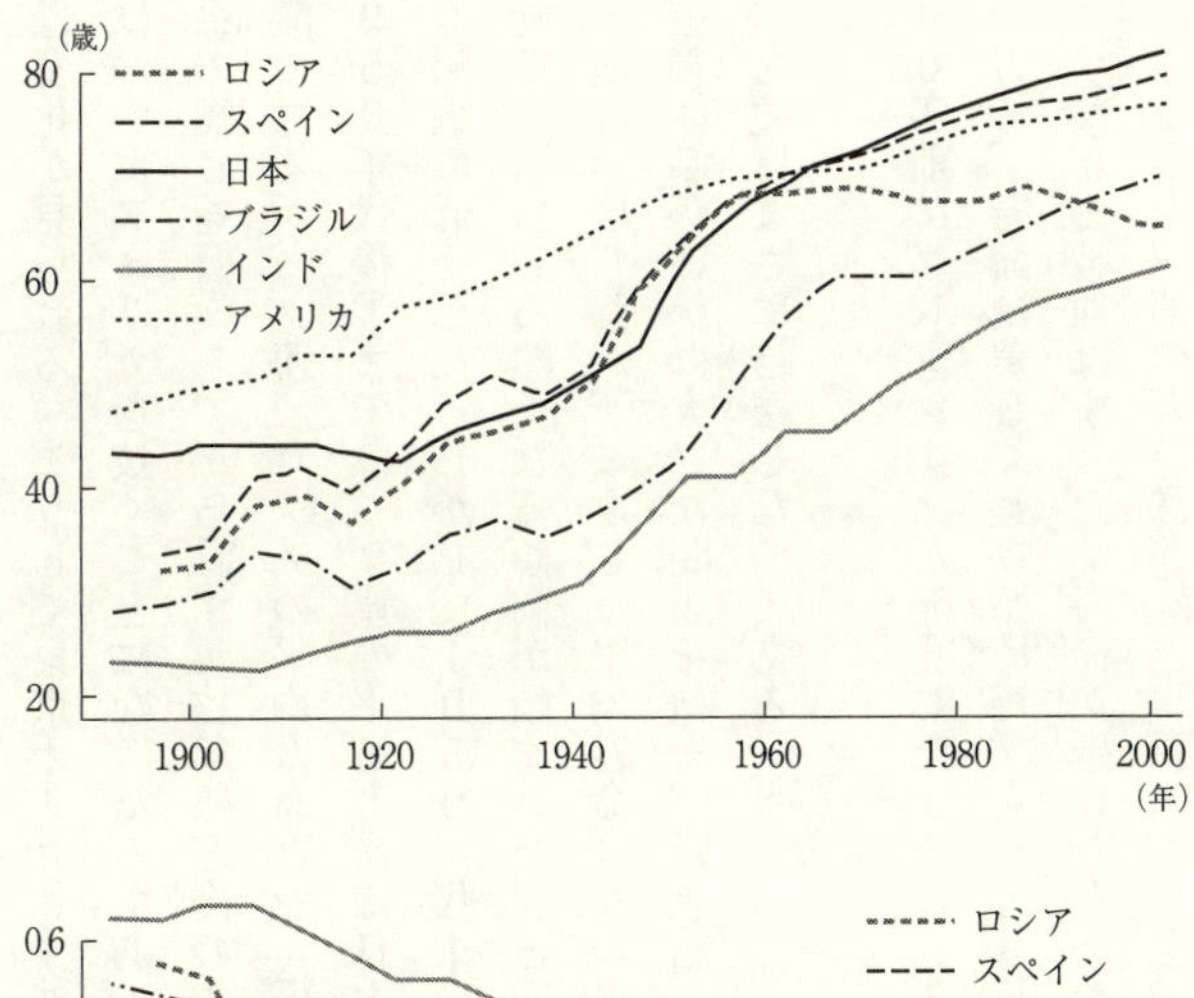

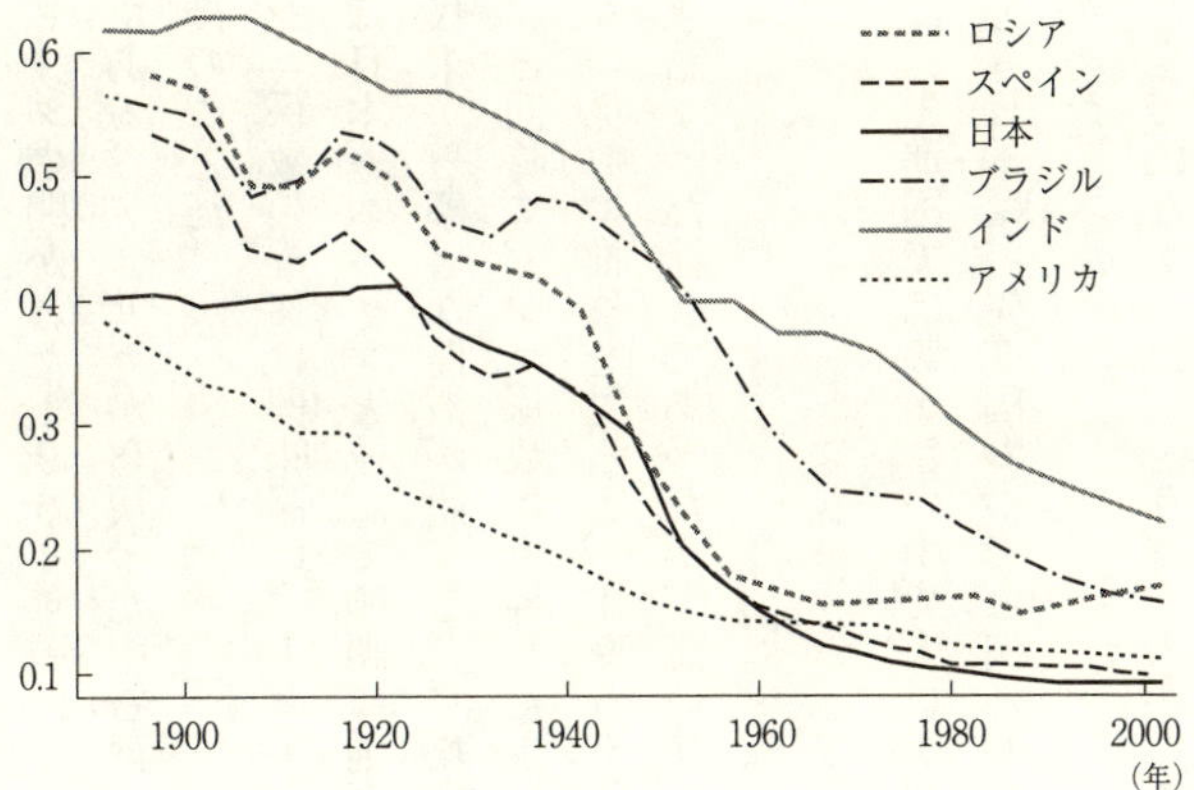

出所）Peltzman（2009）p.185, Figure 3

大きな変化が見られる。こうして東京オリンピックの開かれた1964年頃に、日本の平均寿命はついにアメリカを抜くことになったのである。アメリカから戻った中谷博士が日本人の寿命の短さを概嘆してからわずか15年ほど後のことだ。

余談になるが、ソ連／ロシアの平均寿命とジニ係数の推移は興味深い。1917年の革命後1950年代後半までは、ソ連の平均寿命は日本、スペインと並んで順調に延びた。ジニ係数も順調に低下した。しかし、1950年代末から顕著な停滞が始まる。平均寿命はまったく延びず、むしろ短くなる傾向が始まった。と同時に、ジニ係数は上昇した！　1991年にソ連は崩壊したが、こうした平均寿命、ジニ係数の推移を見ると、1950年代からの社会主義体制がいかに大きな問題を抱え、行き詰まった社会であったか、窺い知ることができる。ソ連はまさに自壊したのである。

100年前にブレンターノが発見したように、先進国では豊かさの中で人口が減り始めた。その一方で、寿命は著しく延び始めた。もっとも日本は、先進国の中では例外的に20世紀の前半、すなわち戦前はまったく寿命が延びなかった。

戦前の日本も一部の人が言うほど「悪い」社会ではなかった。そう言う人がいる。なるほど、一つの社会がすべての意味で悪かった、というようなことは稀であろう。探せばどこか良いところが見つかるに違いない。しかし、人間社会の総決算とも言える平均寿命、そして寿命のジニ係数の推移を見るとき、戦前の日本は大問題ありの社会であったと言わなければならない。

戦前とは対照的に、戦後は一転して寿命が急速に延び、日本は世界の最長寿国になった。これは、戦後日本の最大の成果なのである。

第4章　人間にとって経済とは何か

18世紀、マルサスやスミスが前提としていたのは、人は豊かになれば子どもをたくさんつくる、ということだった。生物の社会でも食料が増えれば数が増える、というのが常識だ。ところが前章で見たとおり、19世紀の末から先進国では豊かさの中で人口が減少し始めた。その一方で、人口の増加に代わって、歴史上かつて人類が経験したことがないようなハイペースで平均寿命が延びるようになった。

人口にしても寿命にしても、影響を与えるのは「1人当たり」の所得である。第2章で説明したように、1人当たりの所得の上昇を生み出す源泉は、イノベーションである。イノベーションにより「豊かな」社会が誕生した。しかし、この豊かな社会では、マルサスが考えたように人口は増えることはなく、逆に人口は減少し始めたのである。

豊かさとは、いったい何なのだろうか。本章では、そもそも人間にとって経済とは何なのか。経済成長はいったいどのような意味を持っているのか。こうした問題を考えてみることにしよう。まず、「経済」とは何か、を問題にしなければならない。

経済とぜいたく

経済とは何か。あらたまってこう問いかけるならば、次のように答えることができるかもしれない。

一人ひとりの人間は、生物として生理的な物質代謝を行うことにより生きている。そうした生命のメカニズムを明らかにすることは、医学・生理学の役割である。しかし、一人の人間が生命を維持するための生理的なメカニズムが明らかになったとしても、実際にその人が生きていけるかどうかは別の問題である。どれほど強靭な肉体を持った人でも、砂漠に一人放り出されれば死を待つしかない。アインシュタインといえども、一人では生きていけない。人間は生存に必要なエネルギーを集団的に獲得する以外に道はないのである。人間だけではなく、ある程度進化した生物は、生存のために外敵から身を守るとか、食料を獲得するとか、いずれも多かれ少なかれ集団的な活動を行っている。経済とは、人間が行っているこうした「集団的な物資代謝」にほかならない。

もっとも、ミツバチやライオン、魚などと違って、人間の経済活動は、「種」としての生存のために必要な最低限の活動に限られない、むしろそうした最低限をはるかに超えた水準で行われていることは、誰でも知っている。後に考える「経済成長は必要か」という重要な問題とも大いに関係することだが、このことは、近代的な経済成長が始まる18世紀以前から気づかれていた。

例えば、1606年に初演されたシェイクスピアの『リア王』では、自らを裏切った娘に対して老王は次のように叫んでいる。

おお、必要がどうのこうのと屁理屈を言うな。どんなに賤しい乞食でも、たとえどんなに粗末な物であろうと余分な物を持っている。
自然が必要とする以上の物は許さぬということになれば、
人生は獣同然、みじめなものになる。お前は貴婦人だ、
暖かくありさえすれば贅沢な衣裳だと言えるものなら、

それ、いまお前が着ているその贅沢な衣裳など自然は必要とせぬわ、
そんな物、暖かさの足しにはならぬからな。
（野島秀勝訳『リア王』、第2幕第4場）

とは言え、ぜいたくは悪徳、質実を美徳とする倫理は、洋の東西を問わず古くからあった。こうした伝統的な価値観に真っ向から反論し、「悪徳」こそが一国の繁栄をもたらす、と論じたのが、異端の思想家バーナード・マンデヴィル（1670〜1733）である。シェイクスピアから100年の後に刊行された『蜂の寓話』（1714年）は、わずか20ページの詩篇に200ページを超える「注釈」、それに300ページを超える「対話篇」が続くという奇妙な体裁をとった本だが、その中でマンデヴィルは、「ぜいたく」「奢侈」こそが一国の経済社会の繁栄を生み出す、という自らの社会経済哲学を開陳した。

本のタイトルにある蜂の世界では、蜂たちがブンブン羽を鳴らしながら不平を述べている。

悪の根という貪欲こそは
かの呪われた邪曲有害の悪徳。

それが貴い罪悪「濫費」に仕え、
奢侈は百万の貧者に仕事を与え、
忌わしき鼻持ちならぬ傲慢が
もう百万人を雇うとき
羨望さえも、そして虚栄心もまた、
みな産業の奉仕者である。
かれらご寵愛の人間愚(おろか)さ、それは移り気、
食物、家具、着物の移り気、
本当に不思議な馬鹿気た悪徳だ。
それでも商売動かす肝腎の車輪となる。
（上田辰之助訳『上田辰之助著作集４』）

こんな調子で派手にやっていた蜂たちだったが、あるとき何を思ったか、偽善の心から悪徳を攻撃し始めると、それがジュピターに知られてしまう。怒ったジュピターは、それなら願いをかなえてやろうと、蜂の巣から悪徳を一掃してしまう。すると、どうしたことだろう、

昨日までの繁栄はどこかに消えてしまった。

芝居はおしまい、まるで火の消えたよう。
そして様子はがらりと変わる。
年々歳々莫大な金を落とした
客の足絶えただけではない。
それで衣食した多くの民衆もまた
仕方がないから同一行動。
商売がえしたくもままにはならぬ。
何商（どこ）も動きがとれない超満員。

土地や家屋の値段はさがる。
壮麗眼を奪う宮殿、その壁は、
テーベの劇場同様に、遊び事で建ったのだ。
それが貸家という始末、いままでは

華やかに鎮座ましますお家の神々、
安っぽい戸口の表札が
由緒ある館の刻銘わらうのを
見るよりいっそ果てたい焔の中で。
建築業はまったく廃滅した。
職人は仕事がない。（同前）

マンデヴィルは、「ぜいたく」「奢侈」という「悪徳」なき世界は、「無風帯の風車」のようだと言っている。

マンデヴィルの『蜂の寓話』は、当然のごとく発禁本となった。しかし、アダム・スミスの『国富論』（１７７６年）に先立つこと半世紀、この本は18世紀イギリスに生まれた新思潮の先駆けであった。ケインズも『一般理論』（第23章）で、『蜂の寓話』に３ページを割いている。「需要」こそが一国経済の状態を決める、というケインズの「有効需要の原理」からすれば、確かにマンデヴィルは「ケインズ経済学」の先駆けであったのである。

「ぜいたく」「奢侈」こそが経済を動かす。これは決して18世紀イギリスに特有の考えではなかった。「ドイツ歴史学派」を代表する経済学者であったヴェルナー・ゾンバルト（1863〜1941）は『恋愛と贅沢と資本主義』という本を書いた。この中でゾンバルトは、タイトルどおり資本主義という経済システムを生み出し牽引したのは「贅沢」であり、「贅沢」の元を探っていくと女性がリードする「恋愛」に行きつく、という何とも明快な議論を展開した。

「恋愛」こそが経済を動かす、というゾンバルトの説には異論もあるだろう。しかし、人間が行う経済活動が、生物としての人類の生存に必要な最低限をはるかに超えたものであることは、誰の眼にも明らかである。すでに17世紀の初頭にリア王はそう叫んだ。実際、ぜいたくを戒め清貧を説く宗教や倫理が古くからあることは、逆に過剰な「ぜいたく」が存在していることに対する自覚が、すでに古代においてあったことを示している。

「過剰」な経済活動は、いかなる意味で過剰なのか。まさに本質的と言えるこの問いについては再度立ち返ることにして、その前にそもそも経済活動をどのように測るのか、このことを説明しよう。

一国経済の活動水準——ＧＤＰの計測

われわれ一人ひとりの経済活動、すなわち消費は、おおむねその人の所得によって決まる。ひと昔前はもっぱら「月給」が使われたが、最近では「年収」が用いられることも多くなった。所得によって「おおむね」決まると書いた理由は、所得は月々あるいは年々得られるもの（これを「フロー」という）であるのに対して、ある人の消費は、所得とは異なる「資産」（これはフローではなく「ストック」）にも依存するからである。第2章でも説明したが、風呂の水にたとえると、ストックはある時点で風呂にたまっている水の量、フローは一定時間当たり風呂に流入している水の量である。両者は関連しているが、異なる概念である。所得、消費はフローだが、土地のような不動産であれ、預貯金や株のような金融資産であれ、資産はストックである。

さて、以上は一個人あるいは一つの家計の話だが、同じことは日本経済全体についても当てはまる。ストックとしての資産については「国富」といったものが考えられるが、ここでは日本経済がフローとして年々どれだけの経済価値を生み出しているかを考えよう。これを表すのが国内総生産（Gross Domestic Product ＝ＧＤＰ）にほかならない。

ちなみに、ある年齢以上の人だと、昔はＧＮＰと言っていたのではないか、と思うかもしれない。ＧＮＰは Gross National Product（国民総生産）であり、現在使われているＧＤＰと微妙に異なる。GNPは、経済価値が生み出される場所が日本であるか、外国であるかを問わず、1年間に日本人／日本企業が生み出した経済価値をすべて足し合わせたものである。これに対してGDPは、日本人／日本企業であるか、外国人／外国企業であるかを問わず、1年間に日本の国土で生み出された経済価値をすべて足し合わせたものだ。米国で活躍する日本人スポーツ選手の所得は、日本のGNPには含まれるが、GDPには含まれない。一方、日本で活動する100％外国資本企業の利潤は、日本のGNPに含まれないが、GDPには含まれる。現在日本も含めて国際的に用いられているのは、GDPだ。

GNPにしてもGDPにしても、日本経済で1年間に生み出された経済価値をすべて足し合わせたものだと言えば、概念としては特に難しいものではないだろう。むしろ素直に理解できるはずだ。しかし、言うは易く行うは難し。具体的にGDPという一つの数字をつくり出すのは決して容易なことではない。

今日われわれがGDPと呼ぶものに対応するような統計をつくり出そうという試みは17世紀のペティに遡るが、本格的な努力が始まったのは19世紀末のイギリスだった。1815年、ナポレオン戦争に勝利した後、ヴィクトリア女王の下でイギリスは経済的な繁栄を謳歌した。しかし早くも1870年代には当時の新興国ドイツ、アメリカに追い上げられることになる。

そのとき、鉄鋼、繊維などの生産量とか貿易の通関統計はあっても、経済全体のサイズを測る「モノサシ」は存在しなかった。イギリス経済のサイズはドイツ、アメリカと比べてどれほどの大きさなのか。それはどれほどのペースで成長しているのか。こうした問いに答えるべく、ＧＤＰ統計——当時はＧＤＰという名称は使われなかったが——の整備がイギリスで始まった。最終的には第二次世界大戦中に、リチャード・ストーン（１９１３〜91、１９８４年ノーベル経済学賞）、ジェームズ・ミード（１９０７〜95、１９７７年ノーベル経済学賞）というケインズの２人の弟子が中心となり、骨格がつくり上げられた。その後、今日に至るまで改良が続けられているが、現在そうした作業は国連で行われている。

不完全だが有用な指標

さて、ＧＤＰは１年間に日本で生み出されたすべての経済価値——正確には「付加価値」——を足し合わせたものだが、そこには注意すべき点がいくつもある。例えば、ＧＤＰは「経済価値」としてあくまでも市場で取引されているモノやサービスの価値のみを計上している。家庭内の家事サービスはＧＤＰの数字に反映されない。したがって、食事が家庭内でつくられればＧＤＰは不変だが、同じ食事を外食で食べれば、その分ＧＤＰは増える。親が

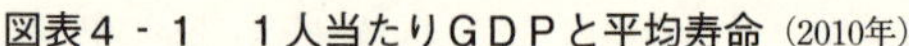
図表4－1　1人当たりGDPと平均寿命（2010年）

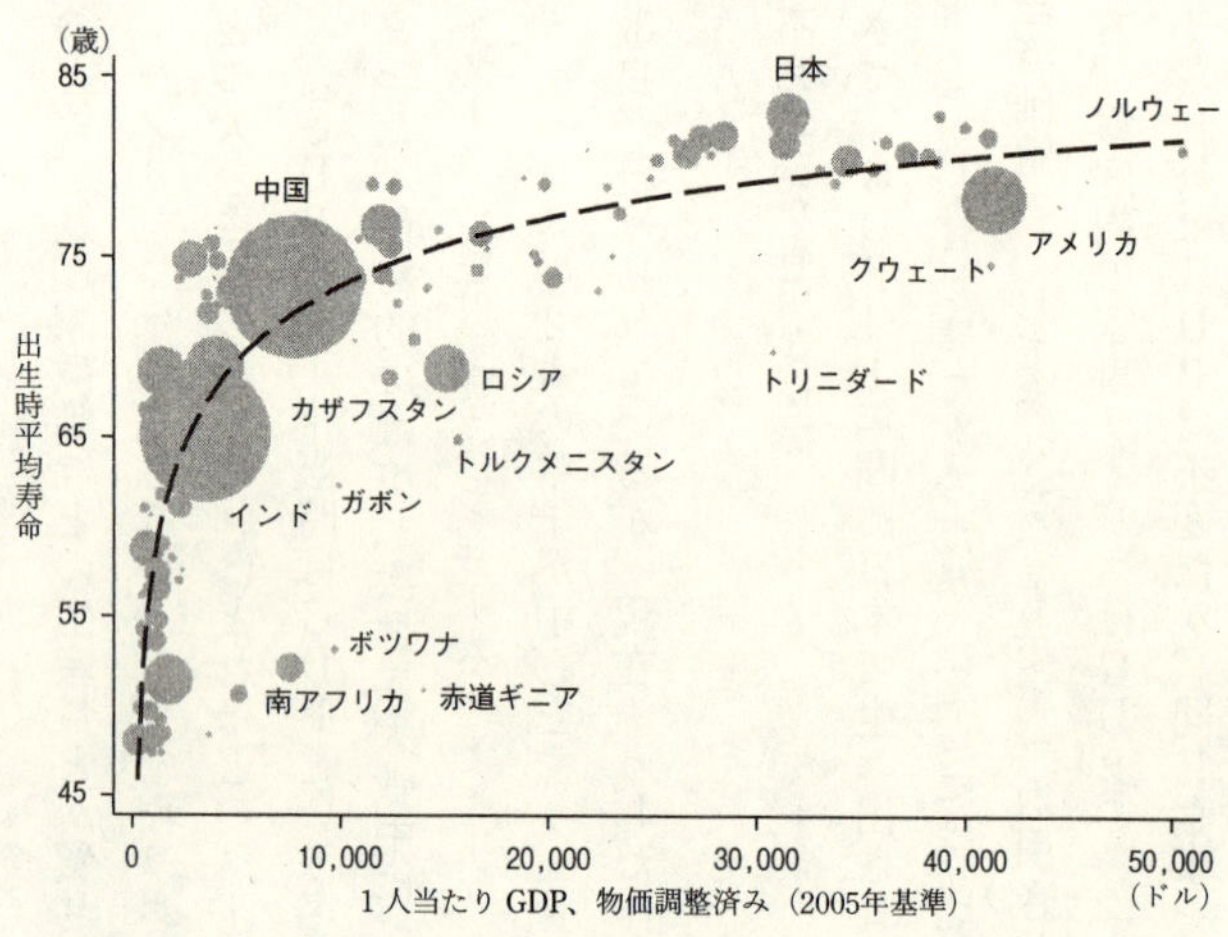

出所）A・ディートン『大脱出』みすず書房
注）図中、円の大きさは人口に比例する。

自分で子育てしているときにはGDPは変わらないが、保育所に入れればGDPは増える。私たちの暮らしの豊かさ、あるいは厚生水準（welfare）の尺度としてGDPを使うとすれば、以上の点は納得のいかないところだろう。

探せば、もっとおかしいことはいくらもある。例えば、冬にインフルエンザが猛威を振るえば、その分の医療費はGDPを増やすし、美しい海や川、青い空、清浄な空気などが損なわれ、それを緩和するために環境対策が講じられれば、たとえ元の環境水準が回復されなくても、GDPは増大する。

こうした例を見ると、GDPは使用に

堪えないとんだ代物だと思われるかもしれない。確かに、ＧＤＰの限界を知ることは大切だ。しかしそれは、直ちに捨て去るにはあまりに貴重な統計である。一国の人口が、さまざまな問題を解決するための糸口を探る上で重要な情報であるのと同じように、一国経済全体のサイズも複雑化した現代の経済社会にとって不可欠の情報なのである。だからこそそれは、すでに述べたように、５つの世紀にまたがる長い年月をかけ多くの人の努力によって整備されてきた。今なお改良が続けられている。

ＧＤＰは私たちの厚生水準、まして「豊かさ」の尺度としては不完全である。しかし、１人当たりのＧＤＰの水準と平均寿命の間には、図表４‐１のようにはっきりとした正の関係があることを見れば、誰もがＧＤＰの意味合いを理解できるのではないだろうか。１人当たりの所得と平均寿命の関係については、前章で紹介したディートンの『大脱出』のように異論もある。しかし私は、所得の上昇がさまざまなチャンネルを通して健康を増進し平均寿命を延ばす、と素直に解釈したい。

経済成長とは何か

われわれの厚生、人の幸せの尺度として、ＧＤＰははなはだ不完全ではあるが、図表４‐

1からも分かるとおり、無視することはできない経済指標である。このGDPが大きくなっていくことが「経済成長」にほかならない。前年100だったGDPが今年102になれば、「経済成長率」は2%である。このGDPの成長について、私には忘れられない思い出がある。

20年以上前のことになるが、夜遅くまで続いた大学内の会議を終えて家に帰る道すがら、一緒に家路を急ぐ理系の先生から突然次のような問いを投げかけられた。「それにしても経済というのは不思議なものですね。人間が何をやってもエネルギーは不変なのに、GDPが大きくなっていくというのは、いったいどういうことなのでしょう」。確かに、人間の営む経済活動を物理現象として見るならば、運動エネルギー、位置エネルギー、熱、電気エネルギーなどすべてのエネルギーを考慮に入れるかぎり、何をやってもエネルギーは不変だ。それなのにGDPは大きくなっていく。

その理由は、GDPの定義を思い出せば、すぐに分かるはずだ。GDPは1年間にわれわれがつくり出すものやサービスの「価値」を価格で評価し、足し合わせたものにほかならない。価値の基準として使われる価格は、人間の主観的な評価を表す。例として料理を考えてみよう。食材にどのように熱を加え、調味料を変えたところで、エネルギーは不変だ。しかし、できあがった料理につく価格は千差万別である。われわれ人間が高い価格を払ってもよいと思うほど「旨ければ」、高い価格がつく。逆に人々の評価が低ければ、価格は低くなる。GDP、そのもとにある価格とは、人間がモノやサービスに対して主観的につける点数なのである。こうした意味で経済はまさに「人間本位」である。

人間本位と言うと、人間の身勝手だと思う人がいるかもしれない。しかし人間本位は決して経済に限られたことではない。そもそも人間本位でなければ、「病気」という概念が成り立つだろうか。病気や死という現象も、そうした現象が起きてもエネルギーは不変だし、物理・化学現象として見るかぎり何ら「異常」はない。物理・化学の法則に反することは人体にも起きようはないからだ。それでも病気・死ということを問題にするのは、言うまでもなく人間本位の立場である。つまり、人間がこうした現象をマイナスに評価するからだ。人間本位でなければ、医学という学問も存在しないはずである。このように考えれば、人間がさまざまなモノやサービス（そこにはもちろん医療も含まれる）に主観的な価値基準に基づく「点数」＝価格をつけることは、決して不思議なことではない。むしろわれわれ人間としては、自然なことだと言えるのではないだろうか。

主観的な「総得点」であるGDPは、エネルギーが不変でも増える。もちろん減ることも

1931年1月30日、東京大学で講演したヨーゼフ・シュンペーター
（右から3番目。安田講堂前で撮影。シュンペーターの左隣は河合栄治郎、さらにその左は東畑精一。東畑記念館所蔵）

ある。実際、日本の名目GDPは1997年から2011年まで523兆円から471兆円まで低下した。しかし日本も含めて先進国では、18世紀の産業革命以来、長期的な趨勢としてはGDPは増大してきた。

GDPはなぜ成長するのか。それは決して人口の増加によってもたらされるものではない。このことは、すでに第2章で説明した。明治初年から20世紀まで100年にわたる日本の経済成長を振り返ってみても、人口の動態とはほとんど関係がない（第2章の図表2-6）。先進国の経済成長は、シュンペーターが見抜いたように、イノベーションによってもたらされる。その結果、「1人当たり」のGDPが上昇するのである。

問題は、経済成長を生み出すイノベーションの性格、中身だ。新しい財やサービスを生み出す「プロダクト・イノベーション」が最も重要な役割を果たす。これが結論なのだが、このことを説明する前に、逆に先進国の経済成長を阻むものは何なのか、について考えることから始めよう。

需要の飽和

既存の財やサービスに対する需要は必ず飽和する。法則と呼ぶべきこの事実こそが、先進国の成長を抑制する根本的な要因である。はじめは需要、それに伴って生産量が高い伸びを示しても、いつしか必ず成長率は鈍化する。成長の鈍化どころか、極端な場合には、シュンペーターの「創造的破壊」（creative destruction）により淘汰され、消えていくモノやサービスすらある。暖房用の炭などは典型的な例であろう。

総務省統計局の「消費者物価指数」（ＣＰＩ）は、消費構造の変化を考慮して５年ごとに基準時を改定し、対象とする物品のリストを入れ替えている（図表４－２）。このリストから消えたモノやサービスは、まさに創造的破壊により「破壊」されたモノやサービスを代表す

図表４－２　消費者物価指数（CPI）基準年の主な改廃品目

基準年	主な追加品目	主な廃止品目
1960（昭和35）	乳酸菌飲料、家賃（公営）、自動炊飯器、トースター、テレビ、冷蔵庫、口紅、テレビ聴視料、カメラ、宿泊料	マッチ、わら半紙、インキ
1965（昭和40）	即席ラーメン、チーズ、レタス、マヨネーズ、バナナ、いちご、インスタントコーヒー、電気掃除機、腕時計、プロパンガス	うずら豆、ごま、駆虫剤、ラジオ聴取料
1970（昭和45）	即席カレー、レモン、メロン、コーラ、テレビ（カラー）、ルームクーラー、航空運賃、乗用車、自動車ガソリン、ボウリング代、フィルム（カラー）、自動車教習料	かんぴょう、ジャンパー、まき、綿ネル、サージ、学生帽
1975（昭和50）	冷凍調理食品、グレープフルーツ、ステレオ、テープレコーダー、ラップ、ブルージーンズ、トイレットペーパー、学習塾	鯨肉、合成清酒、ミシン（足踏式）
1980（昭和55）	牛肉（輸入品）、オレンジ、ポテトチップ、電子レンジ、ベッド、ティッシュペーパー、ドリンク剤、小型電卓、月謝（水泳）	テレビ（白黒）、木炭、電報料、フィルム（白黒）
1985（昭和60）	ルームエアコン（冷暖房兼用）、マッサージ料金、運送料（宅配便）、ビデオテープレコーダー、ペットフード、月謝（音楽）	徳用上米、甘納豆、れん炭、運送料（鉄道）
1990（平成2）	ブロッコリー、ハンバーガー、モップレンタル料、コンタクトレンズ、ワードプロセッサー、ビデオカメラ、コンパクトディスク、ビデオソフトレンタル料	カリフラワー、かりんとう、砂、石炭、ほうき、万年筆、レコード
1995（平成7）	外国産米、ピザパイ（配達）、浄水器、芳香剤、普通乗用車（輸入品）、ガソリン（プレミアム）、電話機、サッカー観覧料	魚肉ソーセージ、キャラメル、ベニヤ板、ちり紙
2000（平成12）	ミネラルウォーター、発泡酒、温水洗浄便座、人間ドック受診料、移動電話通信料、パソコン、外国パック旅行、月謝（英会話）、ヘアカラー、通所介護料	電気洗濯機（２槽式）、テープレコーダー、小型電卓、月謝（珠算）
2005（平成17）	チューハイ、サプリメント、カーナビゲーション、移動電話機、テレビ（薄型）、DVDレコーダー、フィットネスクラブ使用料、エステティック料金	指定標準米、ミシン、ビデオテープレコーダー、鉛筆、月謝（洋裁）
2010（平成22）	ドレッシング、紙おむつ（大人用）、予防接種料、高速バス代、ETC車載器、電子辞書、ペット美容院代、メモリーカード	やかん、草履、テレビ修理代、アルバム、フィルム
2015（平成27）	コーヒー飲料（コンビニエンスストアにおけるセルフ式）、空気清浄機、補聴器、電動アシスト自転車、ペットトイレ用品	レモン、お子様ランチ、左官手間代、ETC車載器

出所）総務省統計局、消費者物価指数（CPI）の概要より

図表４‐３　ロジスティック曲線（フィッシャー／プライの代替モデルより）

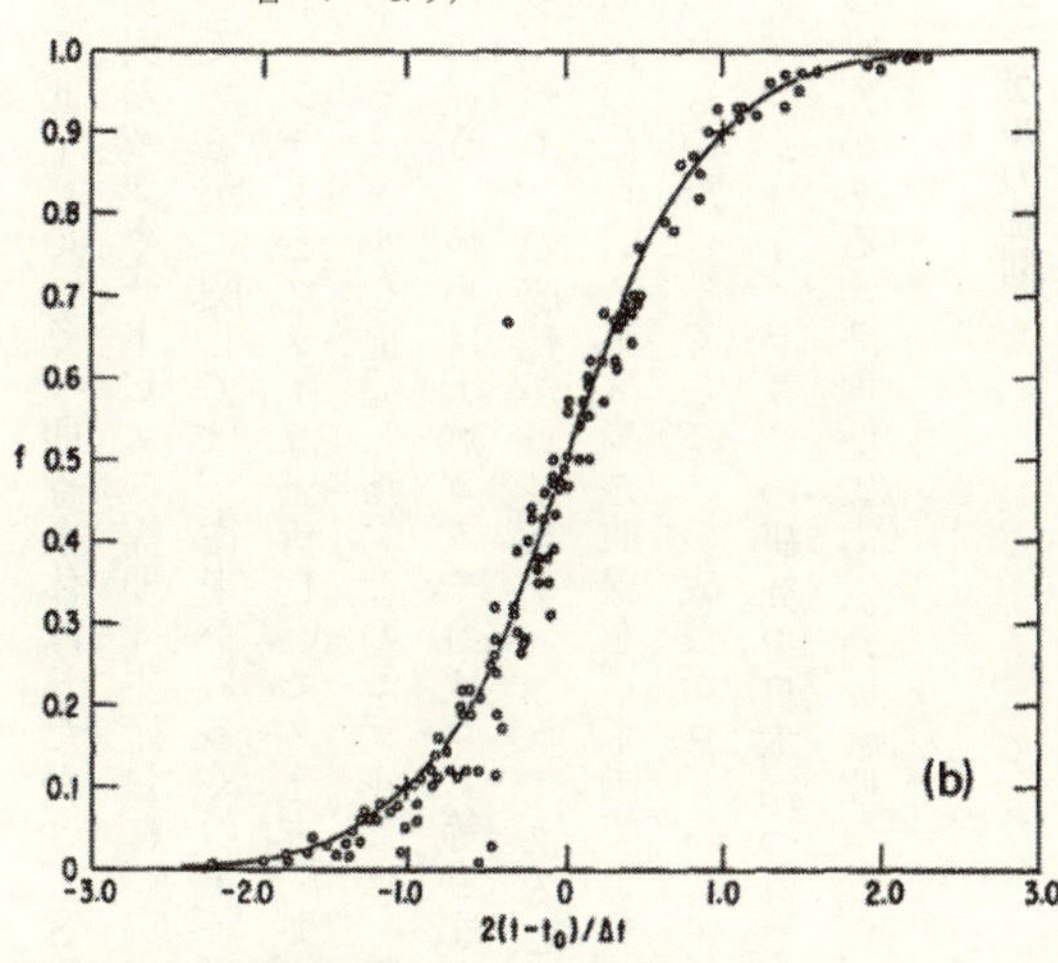

出所）Fisher and Pry（1971), p. 87, Fig. 9（b）

る。逆に新たに追加されたモノやサービスがプロダクト・イノベーションの成果であることは言うまでもない。

このように需要＝生産量が減り始め、最終的に市場から消えるモノやサービスも存在するが、多くの場合、モノやサービスの需要、したがって生産量は時間とともに増加する。しかし、その成長率は鈍化し、やがてゼロ成長となり、最終的にある天井へ収束していく。すなわち成長経路は、経済理論がしばしば想定するようにどこまでも一定の成長率で伸びていく「指数関数」的なものではなく、「ロジスティック曲線」（logistic curve）と呼ばれるS字曲線を描く。ロジスティック曲線の成長率は、はじめは加速するが、やがて変曲点を迎え、その後は成長率がゼロに向けて低下していく。曲線全体はしたがってS字形のカーブを描く。

現実のモノやサービスの需要＝生産量について、成長の「ライフサイクル」がどのようなものであるかに関しては、従来から多くの実証研究が行われてきた。例えば、技術者であるフィッシャーとプライは、新しいモノと古いモノの「代替」(substitution) をキー・コンセプトとするモデルを提唱した。このモデルでは、新たに登場するモノの成長はロジスティック曲線に従う。彼らは天然ゴムや合成ゴム等さまざまな製造物にこのモデルを当てはめ、実際に多くのモノの成長がロジスティックであることを示した。図表4-3は、天井を1として基準化したロジスティック曲線を、米国で100年弱の間に登場したさまざまなモノに当てはめたものだ。多くのモノの成長がロジスティックであることが一目で分かる。

フィッシャー／プライの研究を日本について検証したものに、弘岡（2003）による一連の研究がある（詳細は本章末の補論参照）。

エンゲルの法則

フィッシャー／プライや弘岡が見出したのは、主として製造業における需要の飽和だが、実は「需要の飽和」を指摘した文献は古くからある。その中で最も有名なのが、ドイツの統計学者エンゲル（1821〜1896）が、1895年にベルギーの家計調査を用いてまとめた「エンゲルの法則」だ。

多くの人が聞いたことがあるはずのエンゲルの法則は、豊かな家計ほど消費支出の中で食費が占める割合（エンゲル係数）が低くなる、という法則である。これはいつの時代、どこの国でも成立している。エンゲルがやったように、ある年、一つの社会について多数の家計の消費行動を調べれば、エンゲルの法則が成り立つ。しかしそれだけではなく、マクロでも、1人当たりの所得水準の異なる二つの国（例えば日本と中国）を比較すると、エンゲルが見出した関係、すなわち所得水準の高い日本のほうが中国よりエンゲル係数が低い、ということが見出される。同じく日本について明治時代と現在を比べると、やはりエンゲルの法則が成立している。このようにエンゲルの法則は、経済学では数少ない真に「法則」の名に値する法則である。

ところで、この法則が意味していることは、「食料に対する需要は飽和する」ということである。なぜ食料に対する需要は飽和するのか。理由は、一人の人間の食料に対する需要には生理的な限界があるという単純な事実であるに違いない。高級なフランス料理のように、いくら価格の高い「食料」が登場しても、結局「胃の腑の生理的限界」には勝てないのだ。

食料、それをつくり出す産業としての農業に対する需要は飽和するのだから、それを超えた経済成長は農業以外、つまり工業とサービス業によって牽引される。その結果として1人当たりの所得が上昇すれば、必然的に農業のシェアは低下する。言いかえればエンゲル係数が低下する。先に述べたように、エンゲルの法則を成り立たせているのは、「食料に対する需要は飽和する」という事実なのである。

成熟経済にかかる下方圧力

エンゲルが食料について見出した「需要飽和の法則」は、決して食料についてだけ成り立つものではない。フィッシャー／プライ、弘岡が見出したように、あらゆるモノの需要は必ず飽和する。

需要の飽和という経済にとって最も重要な事実は、過去において偉大な経済学者によって気づかれていた。ケインズの友人であり、ピグーの後継者としてやがてケンブリッジ大学の経済学教授——当時はオックスフォード、ケンブリッジ大学における経済学の教授は1人——になるロバートソンは、イギリス政府が設けた「マクミラン委員会」で1930年4月、進行しつつあった大不況について自らの考えを陳述した。

ロバートソンは、大不況の原因として真っ先に「需要の飽和」(the gluttability of wants)を挙げた。そして、これこそが「最も根本的であるにもかかわらず、最も分析が難しく、しかも最も解決が難しい」問題だと述べた。需要の飽和が数多くの財・サービスに及べば、経済は大不況に陥る。それを克服するためには、「絶えず新しい欲望を刺激し続けるしかない」。皮肉屋であったロバートソンは、これに続けてやや斜めに構えたスタイルで次のように言う。「実際、この不道徳(immoral)な方法をコツコツと実践した国が、大不況という病を延期することに成功した国なのである」。あえて大不況を「解決する」とは言わず、「延期する」とロバートソンが言っているのは、新しい欲望を刺激し続けても、結局のところ経済は「需要の飽和」に勝てず、最後は大不況に陥らざるをえない、と考えていたということなのだろうか。

ロバートソンの陳述より数年後のことだが、ケインズも『一般理論』の中で、「需要の飽和」について述べている。

古代エジプトは二重の意味で幸運であった。エジプトの繁栄は、間違いなくピラミッドの建設と貴金属の採掘という2つの活動の賜物であった。ピラミッドにしても貴金属にしても、消費されることによって人の欲求を満たすものではないから、いくらあっても飽きがこないからだ。中世は教会を建て葬送の歌を歌った。2つのピラミッド、死者のための2つのミサ、これらは1つの場合と比べ2倍の効用をもたらす。しかしロンドンとヨークを結ぶ2本の鉄道となるとそうはいかない。かくしてわれわれ現代に生きる人間には思慮深い銀行家の習性が染み着いている。住宅を建設する前に、後の世代に負債を残すことがないかどうか慎重に考えるから、その結果として、失業という受難から容易に脱け出すことが出来ないことになるのである。(筆者訳)

古代エジプトのピラミッド、中世の教会は、いくらつくっても、それがもたらす便益が減少することはない。したがって、需要は飽和しない。しかし現代の先進国の経済では、既存のモノやサービスに対する需要は必ず飽和する。こうして経済は慢性的に需要不足に悩まされることになる。

つくっても売れない(需要がない)。だから企業はつくらない。その結果、人を雇わず失業が発生する。「有効需要の原理」、すなわち一国の経済活動水準を決めるのは総需要だとするケインズ経済学の背後にあるのも、既存のモノやサービスに対する需要は飽和する、という事実なのである。

プロダクト・イノベーション

既存のモノやサービスに対する需要が飽和に達するなら、モノやサービスのリストが変わらないかぎり、経済全体の成長もやがてゼロ成長に向け収束していかざるをえない。こうして多くのモノやサービスが普及した「成熟経済」には、常に成長率低下の圧力がかかっている。そうした先進国経済で成長を生み出す源泉は、当然のことながら、高い需要の成長を享受する新しいモノやサービスの誕生、つまり「プロダクト・イノベーション」である。

需要の飽和。ここにおいて、通常は「水と油」と考えられているケインズとシュンペーターの経済学は急接近するのである。需要の不足によって生まれる不況を、ケインズは、政府の公共投資と低金利で克服せよと説いた。シュンペーターは、需要の飽和による低成長を乗り切る鍵はイノベーション以外にないと主張した。

実際、今日、日本も含めて世界の自動車産業を牽引しているのは、ハイブリッドカー、電気自動車（ＥＶ）、スマートカーなど新しいタイプの自動車だ。そもそも日本の自動車産業が世界のリーダーとして自らを確立したのは、1970年代に資源制約、燃費効率といったことがグローバルな課題となったからだ。そうした課題に応えるイノベーションを通して日本の自動車産業は世界のフロントランナーとなったのである。事情は今も変わらない。新しいタイプの車を生み出すプロダクト・イノベーションがなく、旧来のガソリン車だけだったとしたら、需要は「人口」によって規定されるに違いない。そこではロバートソン、ケインズが強調した「需要の飽和」が必ず貫徹するであろう。なお、ここでいう需要は車の台数ではなく、1台当たりの価格を台数に乗じた需要総額を問題にしていることに注意しなければならない。時代の要請に応える新しい自動車が新たな成長を生み出しているのである。それは人口と1対1に対応するものではない。

身近な例は他にいくらでもある。例えば、紙オムツ。オムツと言えば赤ちゃん用と誰もが考えていたが、子ども用のオムツは少子化の下で頭打ちとなった。そのままでは紙オムツ生産はさらなる成長を望めなかったであろうが、大人用の紙オムツというコンセプトを誰かが思いついた。大人用の紙オムツに生産技術上のイノベーションがあったわけではない。これはまさに需要面におけるプロダクト・イノベーションである。進む高齢化の下、大人用の紙オムツは急成長し、2012年、子ども用の紙オムツの出荷額を抜いた(図表4-4)。

図表4-4　紙オムツの出荷額

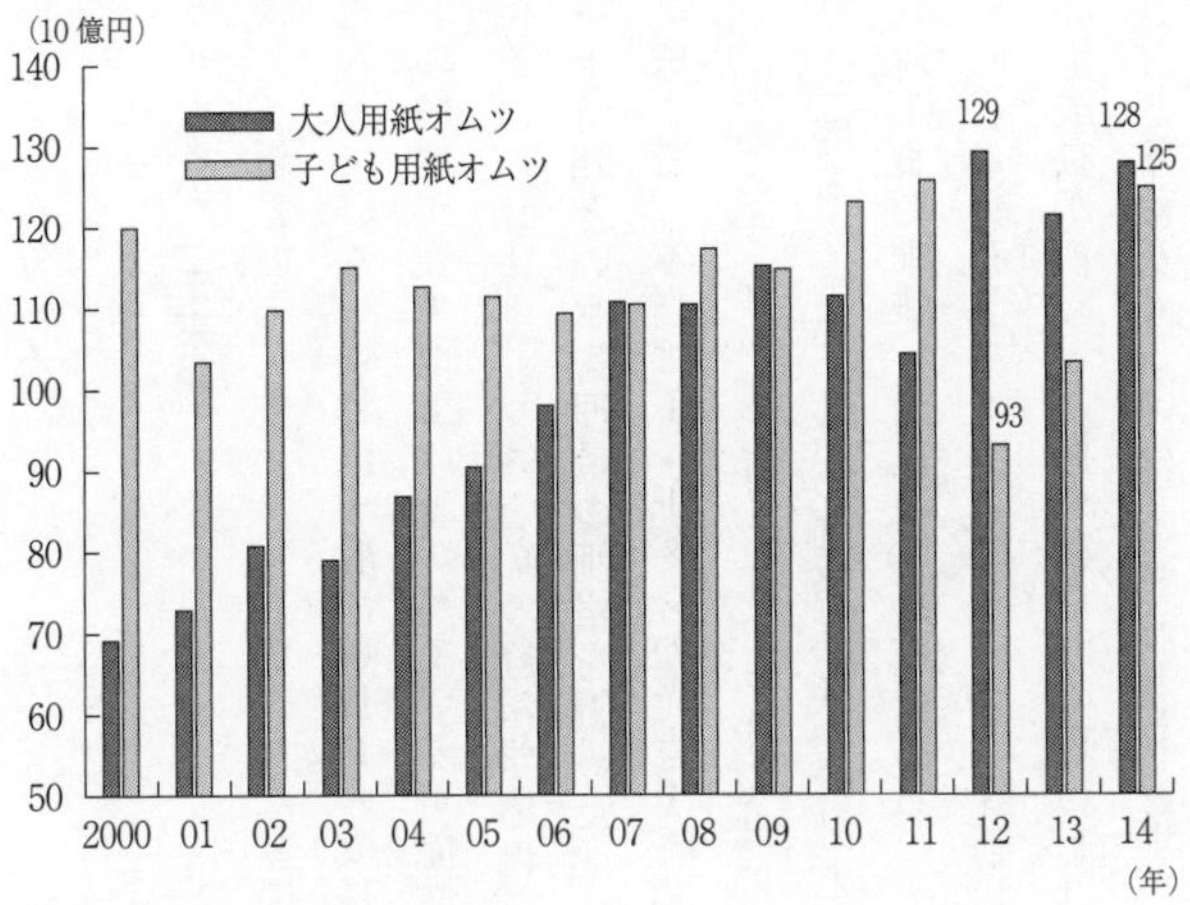

出所）経済産業省「工業統計」

　行楽地へ向かう乗り物だった特急列車を長距離通勤用にも走らせる鉄道会社が出てきた。満員電車に長時間乗るよりは、特急料金を払っても指定席に座って通勤したいと考える人たちがいるのだ。そうした人たちのニーズをくんだ特急も、立派なプロダクト・イノベーションである。労働力人口の減少で通勤客数は頭打ちから減少に転じるだろう。しかし、付加価値が高い、つまり客単価の高いサービスを提供すれば、売り上げは必ずしも減少しない。

　ここにいくつか挙げた例はいずれも社会のニーズに応えるプロダクト・イノベーションである。いずれも「人口」の下方圧力とは異なる角度から新たな成長を生み出していることが分かる。

ケインズの「未来論」

さて、新しいモノやサービスが次々に登場することにより、われわれの生活はどんどん便利になっていく。これは一般にGDPの成長をもたらす。実は、われわれの厚生水準は、GDPの数字が表す以上に上がっている可能性が大である。

例えば、ノードハウスという経済学者は、「明るさ」という便利さについて1ルーメンの光束1時間という物理量の価格を調べた。ローソク（1827年）から1990年代の最新型電球まで、本当は1ルーメンの光束1時間の価格が100分の1に低下したにもかかわらず、「明るさ」をもたらすローソクや電球の価格は逆に8倍になっていることを示した。つまり、「明るさ」の「真の価格」と、統計として使われている価格指数は、150年間で800対1まで乖離したというわけである。その分GDPは、私たちの暮らしの向上を――少なくとも「明るさ」について――過小評価しているわけだ。

経済成長が続くと、将来私たちの暮らしはいったいどのように変わるのか。大不況の最中、1930年にケインズは、「われわれの孫たちの経済的可能性」と題するエッセイを書き、その中で、100年後の21世紀初頭に人々の暮らしはどのようになっているか、という問題を論じた。

目前に進行しつつある大不況により、19世紀の繁栄はもはや過去のものとなり、先行きは暗い、少なくともイギリス経済の将来は暗い、と多くの人が考えている。しかし、これはまったく間違っている。ケインズのエッセイはこうした言葉で始まる。

21世紀初頭までの100年間、技術進歩と資本の蓄積により1人当たりの所得は着実に上昇し、人々の暮らしは1930年代よりはるかに豊かになるに違いない。ケインズは楽観的な見通しを述べた。歴史的な記録の残る紀元前2000年から18世紀の初め1700年頃までは、技術進歩のペースは驚くほど緩慢だった。しかし、18世紀から始まったハイペースの技術進歩は今後も続く。

技術の進歩に加えて資本の蓄積も続く。ここで大きな力を発揮するのは「利子率」だ。ひとたび借金をすると、借金は「複利」によって「雪だるまのように」膨らんでいく。誰もが知る言い回しだが、資産の蓄積も同じだ。ゼロ金利が長く続き、遂に「マイナス金利」まで登場した時代に生きるわれわれは、とかく利子率の力を忘れがちだ。しかし金利による資産の蓄積が不平等をもたらすことを強調したのが、ベストセラー『21世紀の資本』の著者トマ・ピケティである。ケインズも生涯「利子率の力」を重視した。

この点を説明するためにケインズがエッセイの中で挙げた例は、イギリスが海外に持つ資産である。１９３０年、イギリスが保有する海外資産の残高は40億ポンドだった。その始まりは、１５８０年にキャプテン・ドレークが無敵艦隊を破り、スペインから奪取した4万ポンドだった。それが年利３％で増殖し、40億ポンドまで膨れ上がったというわけである。これが「資本の蓄積」である。金利が年利２％でも、１００年後には資本は７・５倍になる。技術進歩と資本の蓄積により、先進国では１００年で生活水準が4ないし8倍まで上昇するだろう。大きな戦争がないこと、人口の爆発的増加が起きないこと等を条件とした上で、ケインズはこのように結論した。「大きな戦争がない」という仮定については、10年足らずでヨーロッパでは第二次世界大戦が始まった（１９３９年）のだから、ケインズの仮定は裏切られた。しかし、ともかくケインズは、１００年後の世界について楽観的な世界を描いてみせたのである。

１００年後の「豊かな社会」とは、いったいどのような社会なのだろうか。ケインズは人間の欲望（needs）には2種類あると言う。一つは、周りで他人がどのような状態にあろうと、人々が必要とし手にしたいと思うようなモノやサービス。生存のために必要な食料や雨風をしのぐための家は、もちろんそうしたモノの代表だ。もう一つ、他人と比べ優越感を感じるために欲するようなモノやサービスもあり、こちらは相対的なものだから、文字どおり欲求は天井知らずとも言えるが、それを別にすれば、やはり多くのモノやサービスについては、次第に需要は飽和してくる。人々はそうしたモノやサービスをもっとたくさんつくろうとするよりは、「非日常的」な目的に時間とエネルギーを費やそうとするに違いない。そもそもケインズが予想する１００年後の世界では、人々は週５日間、１日３時間働けば十分なのである。

こうした社会では「倦怠（けんたい）」も生まれるに違いない。ケインズは、すでに１９２０年代のイギリスやアメリカで金持ちの「有閑マダム」が、有り余るほどの金を手にしているが故に生きる目的を見失い自由な時間を持て余し倦怠に陥っていることを述べている。そうした状態に陥らずに、人間が追求すべき「非経済的」な目的とは何か。若き日にブルームズベリー・グループと呼ばれる芸術家たちと交わったケインズにとって、その答えは「芸術」だった。いずれにしても、１００年後の21世紀初めに実現する、豊かな社会においては、「経済」は人間の歴史上初めて二義的なものとなり、そこでは経済学者の役割は歯医者のようなものになるだろう。素晴らしいことだ。こうした言葉でケインズのエッセイは終わっている。

ケインズの予測は外れた。1日3時間、週15時間労働は、現在はもちろん近い将来もそう簡単に実現するとは思えない。途上国はもちろん先進国ですら「貧困」が存在するのが現実である。経済は、いまだにわれわれにとって重大な問題である。

ミルのゼロ成長論

ケインズの予測に反し、21世紀になっても経済問題は、いっこうに解消される兆しを見せない。しかし、成長を続けていけば、いつの日か「これ以上は望むべくもないほどに豊かな社会」——ケインズはエッセイの中でbliss（天国）という言葉を使っている——になるだろう。そうすれば経済成長は不要になる。ゼロ成長社会の到来である。

ゼロ成長論は、歴史上繰り返し登場する。経済学の世界では、19世紀にジョン・スチュアート・ミル（1806〜1873）によって展開された議論が有名だ。ミルは『自由論』などで有名な19世紀イギリスの「知の巨人」である。アダム・スミスからリカードまで古典派経済学を集大成した大著『経済学原理』にある「定常状態」（stationary state）と題する章（第4部第6章）がミルの「ゼロ成長論」である。

経済の成長・発展を論じた章に続くわずか6ページの短い章の冒頭、ミルは、成長・発展と言っても、それはいったい何を目指しての成長・発展なのか、と問いかける。アダム・スミスをはじめ時代を代表する経済学者たちは皆、経済の成長・発展こそが「豊かさ」の基だと考えてきた。どれほど「水準」が高くてもゼロ成長では豊かさをもたらさない。これが経済学者の考え方だった。しかし、そうした彼らといえども、経済成長が無限に続くと考えるわけにはいかない。いつかは、やはりゼロ成長、つまり経済的「定常状態」に落ち着くことにならざるをえない。

　ミルが他の経済学者と違う点は、この定常状態をネガティブにとらえず、積極的に評価したことだ。そもそも成長、成長と言うが、そのために人々が生存競争さながら他人を押しのける社会を自分は嫌いだ、とミルは言う。

　ミルの議論は、「現代日本の開化」という講演で夏目漱石が述べた有名な一節をわれわれに思い出させる。

> 出来るだけ労力を節約したいと云う願望から出て来る種々の発明とか器械力とか云う方面と、出来るだけ気儘に勢力を費したいと云う娯楽の方面、是が経となり緯となり千変万化錯綜して現今の様に混乱した開化と云う不可思議な現象が出来るのであります。

……開化と云うものが如何に進歩しても、案外其開化の賜(たまもの)として吾々の受くる安心の度は微弱なもので、競争其他からいらいらしなければならない心配を勘定に入れると、吾人の幸福は野蛮時代とそう変りはなさそうである……（『漱石全集』第11巻）

ここで漱石の言う「開化」は、おおむね「経済」の発展に相当する。経済が発展して人々の暮らしが便利になっても、必ずしも「豊かさ」を実感できないこと、これを漱石は「開化の生んだ一大パラドックス」と呼んだ。その一因は、西洋の開化が「内発的」であるのに対して、日本の開化は「外発的」なところにある。

斯(こ)う云う開化の影響を受ける国民はどこかに空虚の感がなければなりません。又どこかに不満と不安の念を懐(いだ)かなければなりません。……一言にして云えば現代日本の開化は皮相上滑(うわすべ)りの開化であると云う事に帰着するのである。
（同前）

では、どうすればよいのか。次の一句はあまりによく知られている。

併しそれが悪いからお止しなさいと云うのではない。事実已むを得ない、涙を呑んで上滑りに滑って行かなければならないと云うのです。（同前）

定常状態の幸福論

ミルに戻ろう。ミルは自らの理想を次のように述べている。

人間にとって最善の状態は、誰も貧しくなく、さらに豊かになろうとも思わず、豊かになろうとする他人の努力により誰も脅威を感じることがないような状態である。（『経済学原理』筆者訳）

ミルは続けて言う。なるほど貧しい発展途上国では経済成長が必要だろうが、イギリスのような国にとって必要なのは、成長ではなく、より平等な所得分配である。この点に関して、平等な所得分配にとって必要不可欠なのは、厳格に人口を抑制することだ、とミルが述べていることは興味深い。自由放任のままに人口が増加すれば、到底平等な所得分配は実現できない。この点では、ミルはマルサスに近い。

先進国でも技術進歩があれば、人口が増加しても1人当たりの所得水準を低下させないですむかもしれない。そうかもしれないが、たとえ経済的には技術進歩により一定の生活水準を保てても、人口が増えると必然的に「人口密度」が高くなってしまう。これに続けてミルの言うところは、情報化社会の中で絶えずケータイ、メールを通して他人と接触し続けている現代人に反省を迫るものだ。

人間にとって、いつも他の人間と接しているのは決してよいことではない。孤独というものが不可能であるような社会は、理想の社会ではない。孤独、つまり時としてたった一人となることは、人間が自らの考えや精神を高めるために不可欠なものである。（筆者訳）

さらにミルは、経済成長は必然的に自然を改変するが、ありのままの自然を残すことが重要であると言う。今日の環境問題を先駆的かつ詩的に指摘している。こうしてミルは、イギリスのような先進国では、ゼロ成長社会は決して「貧しさ」をもたらすものではないと述べた。むしろ、ひたすらに成長を追い求めるよりも、「定常状態」は人々により大きな幸せ（happiness）をもたらす。

ミルと同じような「ゼロ成長論」は、今も有力な議論として存在する。例えば、格差問題はじめ日本経済について優れた実証研究を行ってきた経済学者の橘木俊詔（たちばなきとしあき）は、「経済成長だけが幸福の源泉ではない」、格差解消のほうが重要だという立場から、ミルにも言及しつつ次のように書いている。

ゼロ成長論を現代の日本に即して考えてみましょう。日本人はここ20〜30年にわたって少子化を選択しました。これは労働力不足を招き、かつ家計消費需要を低下させるので、負の経済成長率を選択しているのです。

そこに年率2〜3％の成長戦略はムリな話です。しかし、私も負の成長率は生活水準の低下となりますので、それは避けるべきだと思い、0％に上げる成長戦略は容認します。

（橘木俊詔『21世紀の資本主義を読み解く』）

成長か、平等か

人口減少が直ちに経済のマイナス成長を意味するわけではないことは、すでに第2章で説明したとおりだが、それはともかく、こうした議論は戦後に限っても高度成長の時代から繰り返しなされてきたのである。戦後、高度経済成長が本格的に始まろうとしていた1950年代の終わりに、経済学者都留重人と、やがて「所得倍増計画」を掲げて総理大臣となる池田勇人の間でなされた論争は典型である。

都留は、当初「月給二倍論」と呼ばれた池田の所説に詳細な批判を加え、次のように述べた。

以上の吟味でもわかるとおり、「月給二倍論」の強気を支えた理論的根拠は弱く、いざそれを実現しようとするときの実際上の困難は大きい。ことに、ムリにも所得倍増を実現しようとして、積極的な刺激策をとれば、インフレにもなりかねない。……

インフレの問題を別としても、一体「所得倍増」などということが、第一義的な問題なのだろうか。……まったく現在の日本では、おしなべての国民所得を高めるというより、いろいろな階層のあいだの所得格差をちぢめるということこそが、最大の問題である。

（「〝所得倍増〟は果して可能か」『朝日ジャーナル』1959年7月19日号）


経済成長より所得分配のほうがはるかに大事という議論である。これに対して、当時、岸内閣の通産大臣であった池田は次のように答えている。


本誌七月十九日号巻頭の都留重人君の論文は、大局的見地を忘れている。末節のせんさくにすぎているのは、いささかなさけない。倍増するのは総所得か、一人当たり所得か、月給か、というようなことは、基本的な重要性をもったことではない。大事なことは、できるだけ早く倍増を実現するために、できるだけの努力をする、ということである。

……

日本経済には、都留君も指摘するような、一口に二重構造などといわれている問題があることは事実である。しかし、このような問題は、経済の成長と発展の過程において処理するときに、もっとも円滑に、もっとも適切に解決できるものである。都留君は産業構造「再編」の困難を力説するが、それは停滞的な経済を前提とするからで、勃興期の産業構造の変化は、成長部門による就業人口の急速な吸収によって、おのずから、かつ急速に進行するのである。

所得格差縮小の問題はもとより大切である。だが、「乏しきをうれえず、均しからざるをうれえる」式の戦時非常経済意識ないしは停滞的封建経済的意識が底流をなすかの考え方には賛成しかねる。経済を拡大し、総生産を増加していく過程において、格差の縮小をはかるべきであろう。一般に経済成長の問題は、付随的に、いわゆる二重構造の問題などをふくめて、ダイナミックな発展過程において理解し、解決をはかるべきである。(「勃興期にある日本経済」『朝日ジャーナル』1959年8月2日号)

経済成長は必要か

成長か、平等か、こうした問題はこのように繰り返し問われてきた。「経済成長は必要か」、この問題は私自身『高度成長　日本を変えた六〇〇〇日』の文庫版に付け加えた「あとがき」で論じたことがあり、内容が一部重複するのだが、本書においても最後にもう一度、考えてみることにしたい。

高度成長が終焉したちょうど40年ほど前、それまでは自明とされてきた経済成長に大きな疑問が投げかけられた。有限な地球環境の下で経済成長の抑制を説いたローマ・クラブの報告書は、まさに時代の転換を象徴するものだった。以来40年、「経済」とはどこか忌避すべきうさんくさい存在なのだという心情が社会の通奏低音として流れてきた。そう言ってよいだろう。

「市場原理主義」といえば、誰もが血も涙もない非人間的な社会メカニズムを想像するし、「経済効率」を優先したために事故は発生したのだし、２００８年、「強欲資本主義」が引き起こしたバブル崩壊、いわゆるリーマン・ショックのために世界中で何千万という罪のない人々が職を失った。「経済成長」は、役割を終えた経済至上主義を象徴するものだ。２０１１年３月11日の経験をふまえて、佐伯啓思（さえきけいし）氏が次のように語るとき、それは多くの日本人の心情を代表するものではないだろうか。「理不尽な自然の猛威は、日本人の精神に深い傷を刻んだと思う。死生観や自然観を変えた人も多いだろう。「生産を増大させ、富を得て自由になる」という戦後日本の価値観、幸福感も根底から崩れ去った」（『読売新聞』２０１１年12月17日付）。

実はこうした心情は決して20世紀の後半から21世紀初頭に初めて芽生えたものではない。ミルの「ゼロ成長論」はすでに説明したとおりだが、それに先立ち19世紀初頭のヨーロッパにおける新思潮「ロマン主義」は、勃興しつつあった資本主義へのアンチ・テーゼとして基本的に「反経済」だった。そうしたセンティメントは、その気になりさえすれば洋の東西を問わずいくらでも探すことができる。

「世界一貧しい大統領」として話題になったウルグアイのホセ・ムヒカ元大統領は、2012年、国連の会議で世界188ヵ国から集まった人々に次のように語りかけた。「貧乏な人とは、少ししかモノを持っていない人ではなく、無限の欲があり、いくらあっても満足しない人のことです」。こうした言葉は人の琴線に触れるものだ。

人間の歴史は、経済に背を向けるロマン主義的な（とここでは呼ぶことにしたい）思潮と、それを批判する「合理主義」の相克の歴史ということすらできるのである。

「其の食を甘しとし、其の服を美とし、其の居に安んじ、其の俗を楽しましむ」、すなわち人間が自然の中で自らの分を知り、現状を良しとして徒に多くを求めないよう無為自然を説く『老子』は、言うまでもなく「反成長」、「反経済」である。そもそも経済成長を追い求めるような考え方は西洋発のものであり、東洋の思想は本来『老子』に代表されるような「求めない」ということを理想とするものだ、と雰囲気的に感じている人も多い。

経済成長の恩恵

なるほど洋の東西の思想には大きな違いがあるであろう。しかし事はそれほど単純ではない。というのも老子によって代表される考え方は、東洋思想の雄ともいうべき儒教によって手厳しく批判されているからである。例えば唐の大儒韓愈（かんゆ）が書き残した「原道」（「真の道」というほどの意味）という文章などは、代表格である。

「古（いにしえ）の時、人の害多し」。太古人間を取り巻く環境は厳しかった。それを目に見える形で改善した人こそが「聖人」である。「寒くして然（しか）して后（のち）にこれが衣を為（つく）り、飢えて然して后にこれが食を為る」。さらに「医薬を為って、以て夭死（ようし）を済（すく）う」。

内藤湖南も次のように述べる。

> 支那で作者を聖と称するのは、即ち人民の為に其の生活に関する種々の仕事器物など、更に進んでは文物典章を作った人を聖人とすると謂う意味で、伏犠神農以下文武周公に至るまで皆そう謂う性質の人である。（内藤虎次郎〔湖南〕『増補日本文化史研究』）

西洋でも17世紀にトーマス・ホッブス（1588～1679）が、自然のままにある人間の状態は「劣悪、凶悪、短命」と喝破した。

「反経済」「反近代主義」を唱える人は、はたして自分が病気になったときに抗生物質の使用を拒否するだろうか。昭和34年（１９５９年）の伊勢湾台風では死者・行方不明者の数が５０００人を超えた。現在台風でこれだけの死者が出ることはない。こうしたときに私たちは初めて「文明のありがたさ」を思い知るのではないか。老子の説くところは現実論にはなりえない。こう韓愈は説くのである。儒教については古くさいというイメージを持っている人も多いかもしれないが、実はそうしたイメージとは逆に、その根底には、老子とはまったく異なる明快な「合理主義」がある。儒教のいわゆる「聖人」というのは、シュンペーターが資本主義を動かす根源的な力とみなしたイノベーションを行う人、つまりイノベーターと言ってもよいのだ。このように（江戸時代３００年武士が拠り所とした朱子学も含めて）儒教は明らかに「プロ経済」なのである。

もちろん私は、ここで儒教を引き合いに出して経済成長至上主義を説こうというわけではない。地球環境の持続可能性が問われる今、経済成長を自己目的化する「成長至上主義」を唱える人はもはやいない。しかし経済成長の果実を忘れて「反成長」を安易に説く考え方は危険ですらある。

例えば、低成長だった江戸時代をサステイナブルで落ち着きある社会だった、などと言って美化するのはあまりに一面的な見方であると思う。もちろん江戸時代にもいいところがたくさんあっただろうが、「骨が語るお江戸事情」という次の新聞記事のほうが私には実感として納得できる。

東京都内の開発で掘り出された人骨を、国立科学博物館（科博）が大量に保管している。ざっと１万人分。……

骨は江戸の人々の暮らしぶりを伝えている。栄養状態が悪く、特に鉄分が不足していた。現代なら死亡率の低い若い世代の骨が多いのも特徴で、伝染病がたびたび流行し、人が簡単に死んだことを物語るという。

成人の平均身長は男性が１５０センチ台半ばで、女性はそれよりも10センチほど低い。日本のすべての時代の中で最も小柄だった。栄養状態が悪いうえに狭い長屋などに密集して生活したストレスの影響と考えられるという。「生活は厳しかった。スラムといった方がいい江戸の影の部分が骨には記録されています」（『朝日新聞』２０１１年12月17日付夕刊）

すでに見たとおり、「ゼロ成長論」を主張する経済学者もいる。しかし、江戸時代の「実情」と今日を比べれば、われわれは経済成長の恩恵をもっと素直に評価してよいのではないだろうか。

娯楽の役割

そもそも経済成長を生み出す大本は「ぜいたく」だ、というゾンバルトの説を紹介した。「過度」のぜいたくを美徳と呼ぶことはできないが、ぜいたくを一概に否定してもしようがないことは、すでに100年前に漱石が指摘している。先にも引用した「現代日本の開化」には次のようにある。

通俗の言葉で云えば人間が贅沢になる。道学者は倫理的の立場から始終奢侈を戒しめている。結構には違ないが自然の大勢に反した訓戒であるから何時でも駄目に終るという事は昔から今日迄(まで)人間がどの位贅沢になったか考えて見れば分る話である。

もちろん、否定されるべき無意味なぜいたくがあることは事実である。そのことは漱石も認めるに違いない。例えば、石油で潤う中東の某国では、かつて金のエレベーターがつくられたことがあるという。ばかばかしい話であり、そんなことをするための経済成長なら、ないほうがましだと誰もが考えるに違いない。

そうしたばかばかしいことも時として交えながらも18世紀以来250年の経済成長は人間に何をもたらしたのか。これが問題だ。「出来るだけ労力を節約したいと云う願望から出て来る種々の発明とか器械力とか云う方面と、出来るだけ気儘に勢力を費したいと云う娯楽の方面」と漱石が呼んだものの本質は何なのか。

娯楽は、言うまでもなく、何か「合理的」な目的を持ってなされるものではない。脳の発達した人間にとって娯楽・遊びが本質的な役割を果たすことは、名著『中世の秋』で知られるオランダの歴史学者ホイジンガが『ホモ・ルーデンス』で指摘したとおりだ。もっとも、娯楽を楽しむのが人間の専売特許ではないことは、毛糸玉と戯れる子猫を見れば、分かることではあるが。

イノベーションの限界と寿命

「娯楽」は娯楽として、問題は漱石のいう「出来るだけ労力を節約したいと云う願望から出て来る種々の発明とか器械力」の効果である。もちろん、そうしたモノやサービスが直接的には「便利さ」を生み出すことは言うまでもない。しかしよく考えてみると、こうしたモノやサービスは結局のところ、われわれ人間の「寿命の延長」に貢献してきたことに気づかざるをえない。

医療技術や医薬はもちろん、栄養価の高い食料品などがそうしたモノやサービスであることは、あらためて言うまでもない。しかし、平均寿命の延長に貢献するものは決してそれだけではない。寒い冬の夜、外から吹き込む北風を遮るサッシや断熱効果の高い壁など品質の向上した住宅は、乳幼児や高齢者の死亡率低下に貢献した。各種交通手段の発達は、遠隔地への観光旅行を可能にするという娯楽面だけでなく、もしそれがなければ、われわれが日々の歩行により多くのエネルギーを費消しなければならないわけだから、やはり平均的な寿命の延長に貢献したに違いない。エレベーターやエスカレーターも同じである。

繰り返し書いてきたように、先進国の経済成長を牽引するのは、プロダクト・イノベーションである。プロダクト・イノベーションによって生み出される新しいモノやサービスの多くは、回りまわって平均寿命の延長に貢献してきたものと考えられる。先に述べたとおり、これこそ古く唐の時代に韓愈が指摘したことである。いつの時代も経済成長の結果として実現する平均所得の上昇が、そうした新しいモノやサービスの購入を可能にしてきたのである。こうして先進国では、マルサスの予想に反し、平均寿命が延びてきた。

このように考えてくると、もはや先進国において経済成長は不必要であるか否かは、究極的には、80歳を超えるまでになった平均寿命はここらでもう十分、これ以上寿命を延ばす必要はないと考えるか否かにかかっている。そう言うことができそうである。

確かに、80歳を超える平均寿命はだんだんと生物学的な限界に近づきつつあるのかもしれない。実際、生物学者の本川（もとかわ）達雄教授は、『ゾウの時間　ネズミの時間』、『生物学的文明論』の中で、動物の寿命について次のように述べている。ネズミでもゾウでも人間でも、動物はすべて心臓が15億回鼓動すると死ぬ。ただし、心臓の鼓動1拍に要する時間は、体重が大きい動物ほど長い。体重3トンのゾウは、体重30グラムのハツカネズミと比べると、1拍に要する時間が18倍長い。つまり、ゾウの心臓のほうがゆっくりと心拍を打っている。しかし、いずれも死ぬまでに打つ心拍数は15億回だから、ハツカネズミの寿命は2〜3年であるのに対して、ゾウの寿命は70年だ。さて、人間はどうなのか。人の心臓が15億回打つ年齢はなんと42歳！　これが生物学的に見たときに「自然な」人間の平均寿命だとすれば、先進国の平均寿命はその2倍の長さに近づきつつある（関心のある読者には、雑誌『科学』〔2004年12

月号」の寿命特集も参考になる）。

先進国の平均寿命が生物学的な限界に近づきつつあるとすると、プロダクト・イノベーションのリターンは、長期的には次第に低下していくのかもしれない。実際２０１０年代に入り、20世紀初頭から１００年世界経済をリードしてきた米国においても生産性の伸びが著しく低下し、今や世界は「長期停滞」（long stagnation）の時代に突入した、という議論が盛んになされるようになった。人々に長期不況の到来を感じさせる徴候は、歴史上かつてなかった異常な低金利（２０１６年7月の10年国債の金利は米国１・42％、ドイツはマイナス０・０２３％、日本はマイナス０・２２５％）である。

日本経済の将来

最後に日本経済の将来について考えてみることにしよう。戦後復興とそれに続く高度経済成長が終焉し、１９７０年代に入ると、がむしゃらな成長至上主義は姿を消した。これは、先進国においては歴史の必然である。しかしそのことと、文字どおりのゼロ成長論は別だ。あたかも人にとって一点でいつまでもじっと静止しているよりも、それぞれ自分に合ったペースで歩行しているほうが心地よいのと同じように、成熟した先進国においても、それぞれの経済に合った経済成長のほうが、ゼロ成長よりはるかに自然だ。ゼロ成長の下では現役世代とりわけ若い人たちの雇用は劣化していかざるをえない。そうした観点からもやはり経済成長は必要だ。これが私の考えである。

日本の平均寿命、男性80・5歳、女性86・8歳（２０１５年）は、確かに生物学的に見た限界に近づきつつあるのかもしれない。しかし、なお残る課題として、「健康寿命」、「生活の質」（Quality of Life、ＱＯＬ）がある。たとえ21世紀には、先進国で20世紀に生じたような平均寿命の延長がもはや見られないことになるとしても、すでに現実になりつつある超高齢社会において人々が「人間らしく」生きていくためには、今なお膨大なプロダクト・イノベーションを必要としている。超高齢社会においては、医療・介護は言うまでもなく、住宅、交通、流通、さらに１本の筆記具から都市まで、すべてが変わらざるをえないからである。それは、好むと好まざるとにかかわらず、経済成長を通してのみ実現されるものである。逆に、先進国の経済成長を生み出す源泉は、そうしたイノベーションである。

日本の「労働力人口」は、１９９８年の６７９３万人をピークに、「人口」に10年ほど先行して減少に転じた。その後、女性の労働市場への参加率が高まったことなどにより労働力人口が増えた年もあるが、長期的には将来年率０・６％ほどのペースで減少を続けていく。

多くの経済学者は日本経済の「実力」すなわち「潜在成長率」は0・5％程度しかないと言うが、私は1・5％程度の実質経済成長は可能だと考えている。そのためには年率2・0％ほどの労働生産性の伸びが必要だ。それが実現すれば、「1人当たりGDP」ないし「1人当たり所得」は、年率2・0％ほど成長する。2％で成長するものは35年で2倍になる。したがって、現在30歳の人の生涯所得は、現在65歳の人の生涯所得の2倍になるはずだ。

現状はどうだろうか。2000年から2014年まで、リーマン・ブラザーズが破綻した直後の世界同時不況（Great Recession）で5・5％のマイナス成長を記録した2009年を除く14年間の平均について見ると、労働力人口の減少率は平均年率マイナス0・2％だ。一方、同じ14年間の平均経済成長率はプラス1・3％である。悪い悪いと言われてきたにもかかわらず、労働生産性は年平均1・5％上昇してきた。2％は決して不可能な数字ではない。

経済学を知っている人にイノベーションと言うと、もっぱらそれを経済のサプライ・サイド、供給側の現象だと考えている人が多い。経済の「実力」ともいえる「潜在成長率」という概念も、労働や資本が将来どれだけ伸びるかをもっぱらサプライ・サイドで積み上げていくのがスタンダードな手法だ。しかし、イノベーション、とりわけ新しいモノやサービスを生み出す「プロダクト・イノベーション」は、本章で詳しく説明したとおり、「需要」と密接な関係を持っている。

問題は、日本の企業が潜在的な需要に応えるようなプロダクト・イノベーションを成しうるか、である。35年後の日本人は、現在の2倍という高い購買力を持っている可能性が高い。そうした高い購買力を持つ彼らは、いったいどのようなモノやサービスを求めるのか。

超高齢社会の姿は誰にも正確には分からない。しかし、社会のすべてが変わると言ってよいような大きな変化が起きることは間違いない。それは数え切れない大小のイノベーションを通して実現される。所得水準が高く、マーケットのサイズが大きく、何よりも超高齢化という問題に直面している日本経済は、実は日本の企業にとって絶好の「実験場」を提供していると言っても過言ではない。人口が減っていく日本国内のマーケットに未来はない、という声をよく耳にするが、超高齢社会に向けたイノベーションにとって、日本経済は大きな可能性を秘めているのである。

残念ながら、現状では日本企業は退嬰的だ。図表4-5にあるのは、貯蓄すなわち稼ぎと支出の差額の推移を家計、企業、政府など部門別に見たものである。今や企業が、家計をしのぎ日本経済で最大の純貯蓄主体となっているのである。これは、資本主義経済本来の姿と言えるだろうか。

図表4-5　部門別貯蓄投資差額の推移（対GDP比）

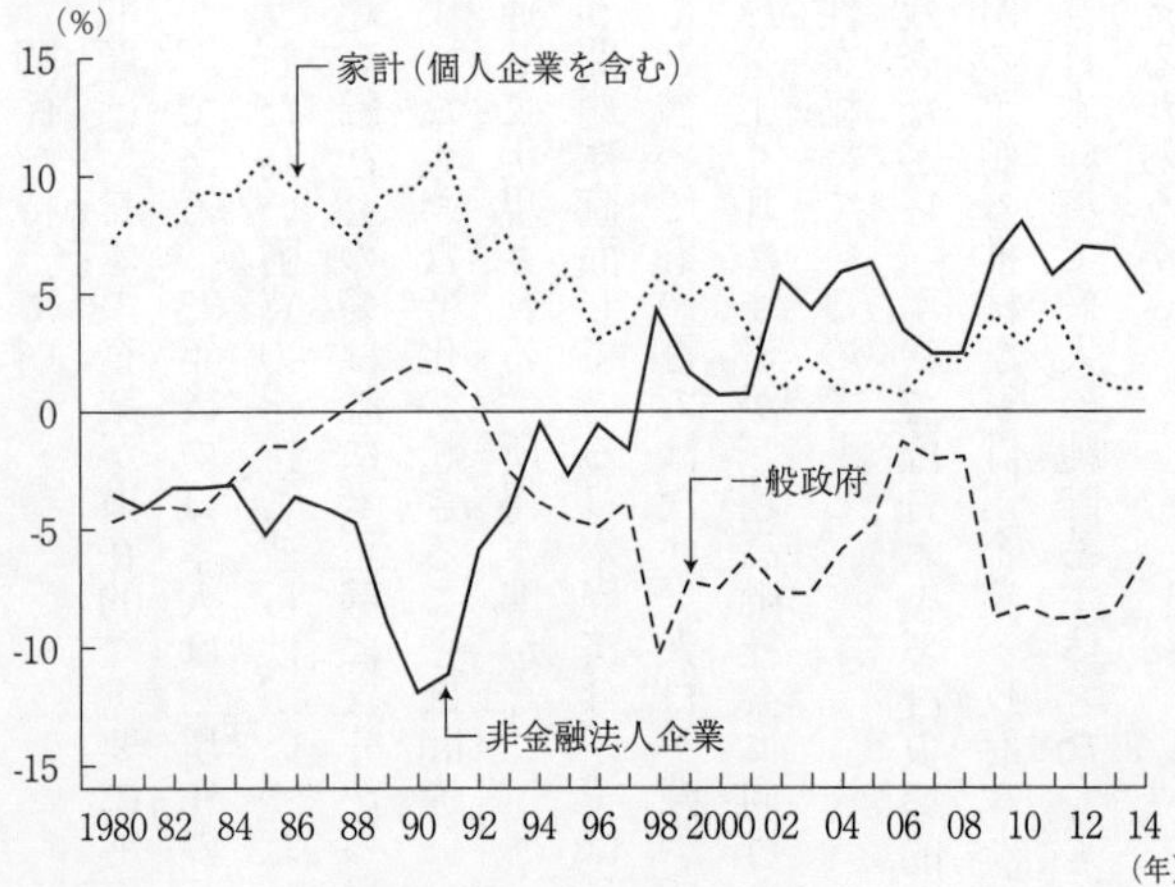

出所）内閣府「国民経済計算確報」制度部門別の純貸出（＋）／純借入（－）
注）1980年から93年までは2000年基準、94年以降は2005年基準

かつては家計が貯蓄し、企業は負の貯蓄、つまり借金して投資をしていた。企業は時代が変わったと言う。しかし変わったのは、時代ではなく、企業だ。

シュンペーターは、イノベーションの担い手にとっては、金銭的なリターンもさることながら、何よりも未来に向けた自らのビジョンの実現こそが本質的だ、と言った。ケインズも、企業の設備投資はアムンゼンが犬ぞりに乗って南極を目指したときのように最終的には「アニマル・スピリッツ」による、したがって健全なオプティミズムが失われ合理的な計算のみに頼るなら企業は衰退する、と言っている。

日本経済の将来は、日本の企業がいかに「人口減少ペシミズム」を克服するか、にかかっているのである。

図表4-6　エチレン普及のロジスティック性の検証

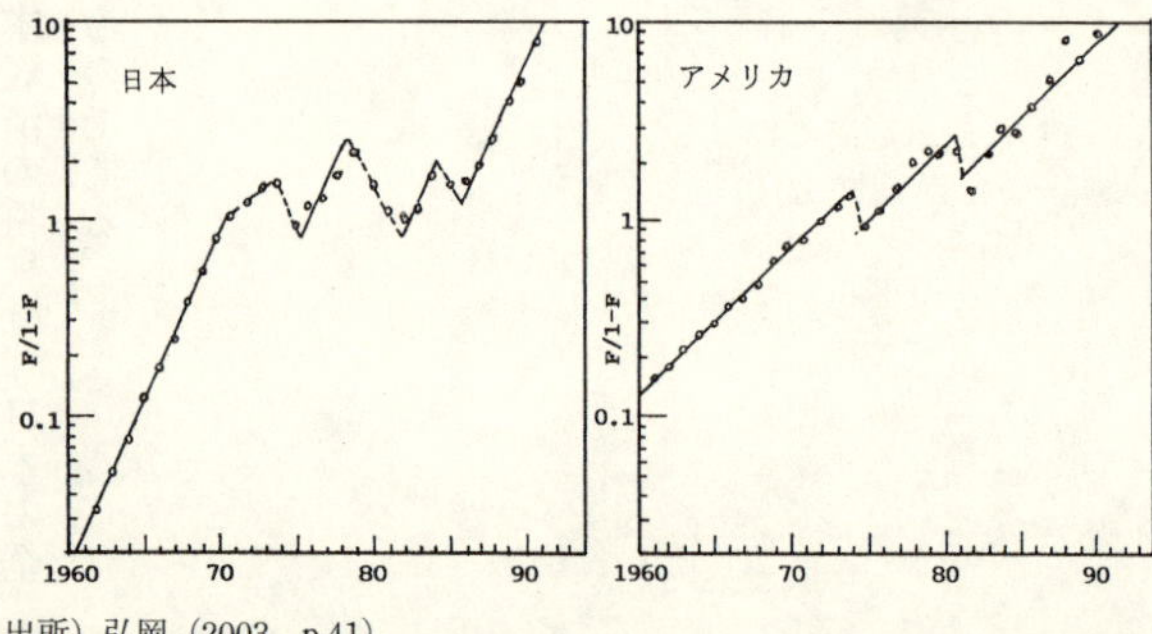

出所）弘岡（2003、p.41）

図表4-7　粗鋼、自動車、家電製品普及のロジスティック性分析

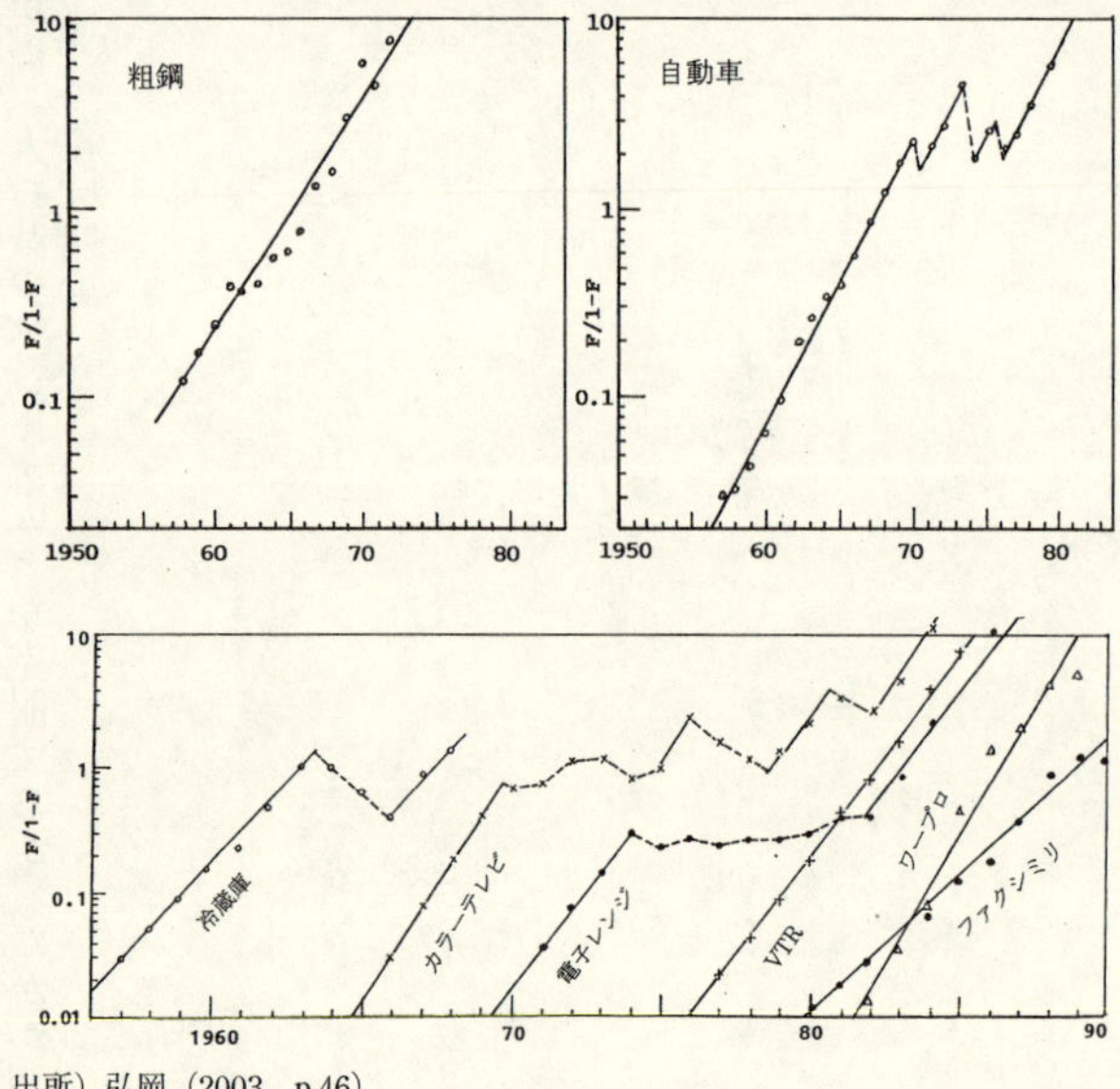

出所）弘岡（2003、p.46）

補論：ロジスティックな成長プロセス

戦後の日本経済におけるさまざまなモノの成長プロセスを調べると、1973年から約10年間、二つのオイルショックの時期に大きな停滞という中断がある。この点はアメリカと違うところだが、オイルショック以前と以後については、いずれも明確なロジスティック成長に従う。

少しテクニカルになってしまうが、ロジスティック成長について、もう少し詳しく説明することにしたい。あるモノの需要の天井をD^*、時点tにおける需要をD_tとする。天井までどれだけ近づいたか、その比率Fを、

$$F_t = \frac{D_t}{D^*}$$

とすると、Fのロジスティック成長は、

$$\frac{dF}{dt} = aF\ (1 - F) \qquad (a > 0)$$

と表される。この式からF（1－F）の対数値logF（1－F）と時間tの関係は、勾配aの直線になる。**図表4－6**は、弘岡（2003、p.41）がエチレンについて描いた図だが、先に述べたようにオイルショック期（1973～85年）を除くと、その前後でlogF（1－F）と時間tの関係は直線になっている。弘岡は、エチレン以外の化学製品、鉄鋼、自動車、さまざまな家電製品についても同様に直線が当てはまることを見出した（**図表4－7**、弘岡〔2003、p.46〕）。このように、多くのモノの成長はロジスティック曲線に従う。すなわち、需要はあるところまでは指数関数的に成長するが、やがて変曲点を迎え、その後は需要の天井に近づくにつれて成長率はゼロに向けて低下していく。需要は必ず飽和する。

あとがき

今年6月、5年に1度行われる2015年「国勢調査」の速報値が公表された。前回10年調査と比べ、一段と少子高齢化が進んだ。65歳以上が全人口に占める比率は26・7%、「4人に1人」を初めて超えた。これは、急速に高齢化の進むイタリア22・4%、ドイツ21・2%などより高く、主要先進国で最も高い。一方で、15歳未満人口の比率は12・7%と過去最低。いまや子どもの数は高齢者の数の半分以下である。

こうした中で人口は減少していく。現在1億2711万人の人口は、このまま放置すれば2065年には8100万人まで減少する見通しだが、政府は1億人の人口維持を目標として掲げている。出産・育児をもっとしやすくするための「子育て支援」は確かに重要だが、出生率を上げても、それだけで「2065年1億人維持」を実現するのは不可能だ。日本では若い女性が少なくなりすぎたから、たとえ1人の女性が産む子どもの数が増えても、もはや人口減少の趨勢を止めることはできない。

人口減少を本気で止めるならば、決め手はドイツが選択した移民の受け入れである。本書ではまったく立ち入らなかったが、移民受け入れには多くの議論がある。しかし、最近の考古学・人類学は、大昔、北から南からさまざまなルートを通って多様な人種が私たちの住むこの列島に移り住んできたことを明らかにしている。歴史が書かれるようになってからも、多くの渡来人（帰化人）が進んだ大陸の文物をこの国にもたらしたことは、学校の歴史で習うとおりだ。私たち21世紀の日本人は、こうした日本という国の成り立ちを改めて振り返ってみる必要があるのではないだろうか。

人口減少が日本という国にとって大きな問題であることは第2章で見たとおりだが、人口が減るから経済成長は無理という議論は正しくない。これは本書で繰り返し書いたことだが、今こそシュンペーターが説いたイノベーションの役割を思い出したい。

ささやかな書物だが、多くの方々のお世話になった。筆者は2014年内閣府で開かれた「選択する未来」という会議に参加する機会を得た。そこでの議論におおいに啓発されたことを記しておきたい。

本づくりについては、資料の作成はじめすべて研究室の宮川修子さんにお世話になった。

また、中央公論新社編集部の田中正敏氏には数多くの的確なコメントをいただいた。おふたりに感謝したい。

本を書くことは、学者にとって一里塚だ。この小著を、昨年結婚40周年を迎えた妻節子と、新しく人生の船出をした娘夫婦、隆志と桃子に送ることにしたい。

2016年7月10日

吉川　洋

Peltzman, S.（2009）, "Mortality Inequality", *Journal of Economic Perspectives,* Vol.23, No.4, pp.175-190.

Weil, D.（2015）, "A Review of Angus Deaton's The Great Escape: Health, Wealth, and the Origins of Inequality", *Journal of Economic Literature* 2015, 53（1）, pp.102-114.

第４章

エンゲル（1895）森戸辰男訳『ベルギー労働者家族の生活費』、大原社会問題研究所編、統計学古典選集第５巻、復刻版、第一出版（1968）

『科学』2004年12月号、「特集：寿命」、岩波書店

シェイクスピア、野島秀勝訳『リア王』、岩波文庫（2000）

橘木俊詔（2015）『21世紀の資本主義を読み解く』、宝島社

弘岡正明（2003）『技術革新と経済発展』、日本経済新聞社

本川達雄（1992）『ゾウの時間 ネズミの時間』、中公新書

———（2011）『生物学的文明論』、新潮新書

Fisher J. C. and R. H. Pry（1971）, "A Simple Substitution Model of Technological Change", *Technological Forecasting and Social Change*, Vol.3, pp.75-88.

Huizinga, J.（1938）, *Homo Ludens*, 高橋英夫訳『ホモ・ルーデンス』、中央公論社（1963）

Keynes, J. M.（1930）, "Economic Possibilities for Our Grandchildren" in his *Essays in Persuasion*, London: Macmillan, reprinted in CWK, Vol. Ⅸ,「説得論集」『ケインズ全集』第９巻、東洋経済新報社（1981）

Mandeville, B.（1714）, *Fable of the Bees*, 上田辰之助訳『蜂の寓話——自由主義経済の根底にあるもの』、新紀元社（1950）、『上田辰之助著作集４』、みすず書房（1987）所収

Nordhaus, W.（1997）, "Traditional Productivity Estimates are Asleep at the（Technological）Switch", *Economic Journal*, September.

Robertson, D. H.（1931）, "The World Slump", in Pigou, A. C. and D. H. Robertson, *Economic Essays and Addresses*, London: P. S. King & Son.

Sombart, W.（1912）, *Liebe, Luxus und Kapitalismus*, 金森誠也訳『恋愛と贅沢と資本主義』、論創社（1987）

Piketty, T.（2014）, *Capital in the Twenty-First Century*, Harvard University Press, 山形浩生・守岡桜・森本正史訳『21世紀の資本』、みすず書房（2014）
Samuelson, P.（1989）, "Ricardo was Right !", *Scandinavian Journal of Economics*, Vol.91, No.1, pp.47-62.

第３章

小椋正立・鈴木玲子（1993）「わが国戦後期（1950年から1965年）における乳児死亡率の低下」、総合研究開発機構『日米医療システムの比較研究（上）』所収
内閣府（2015）『選択する未来——人口推計から見えてくる未来像——』、日経印刷
中谷宇吉郎（1950）「老齢学」『花水木』、文芸春秋新社、『中谷宇吉郎随筆選集』第２巻、朝日新聞社（1966）所収
夏目漱石（1901）「日記」『漱石全集』第13巻、岩波書店（1966）
根岸龍雄・内藤雅子（1987）「現状とその背景からみた21世紀の医療制度」、宇沢弘文編『医療の経済学的分析』（日本評論社）所収
南 亮進（2002）『日本の経済発展』、東洋経済新報社
村川堅太郎（1954）「ギリシアの衰頽について」『世界の歴史』第６巻、毎日新聞社、『村川堅太郎古代史論集Ⅰ』、岩波書店（1986）所収
Brentano, L.（1910）, "The doctrine of Malthus and the Increase of Population During the Last Decades", *Economic Journal*, Vol.20, No.79, pp.371-393.
Deaton, A.（2013）, *The Great Escape: Health, Wealth, and the Origins of Inequality*, Princeton Univ Pr., 松本裕訳『大脱出』、みすず書房（2014）
Fogel, R.（2004）, *The Escape from Hunger and Premature Death, 1700-2100,* Cambridge University Press.
Johanson, S. R. and C. Mosk（1987）, "Exposure, Resistance and Life Expectancy: Disease and Death during the Economic Development of Japan, 1900-1960", *Population Studies*, Vol.41, pp.207-235.
Maddison, A.（1995）, *Monitoring the World Economy 1820-1992*, Paris: OECD.

東洋経済新報社（1980）

———(1933), "Thomas Robert Malthus" in his *Essays in Biography*, London: Macmillan, reprinted as Chapter 12 of CWK, Vol.X, 大野忠男訳「人物評伝」『ケインズ全集』第10巻、東洋経済新報社（1980）

———(1936), *The General Theory of Employment, Interest and Money*, London: Macmillan, 塩野谷祐一訳『雇用・利子および貨幣の一般理論』東洋経済新報社（1995）

———(1937), "Some Economic Consequences of a Declining Population", *Eugenics Review*, April in CWK, Vol.XIV, London: Macmillan, pp.124-133.

Livi-Bacci, Massimo（2012）, *A Concise History of World Population, 5th Edition.*, Chichester, UK, Wiley-Blackwell, 速水融・斎藤修訳『人口の世界史』、東洋経済新報社（2014）

Malthus, T. R.（1798）, *An Essay on the Principle of Population*, 斉藤悦則訳『人口論』、光文社古典新訳文庫（2011）

Petty, William（1690）, *Political Arithmetic*, London, 大内兵衛・松川七郎訳『政治算術』、岩波文庫（1955）

Schumpeter, Joseph A.（1954）, *History of Economic Analysis*, New York: Oxford University Press, 東畑精一・福岡正夫訳『経済分析の歴史』上中下、岩波書店（2005、2006）

Smith, Adam（1776）, *An Inquiry into the Nature and Causes of the Wealth of Nations*, 大河内一男監訳『国富論』ⅠⅡⅢ、中公文庫（1978）

Toye, J.（2000）, *Keynes on Population*, New York: Oxford University Press.

第２章

上田正夫・下河辺淳・麓富夫・森田優三（1967）「新春座談会　人口からみた日本の現状と将来」『統計』1967年１月号

富永健一（1990）『日本の近代化と社会変動』、講談社学術文庫

増田寛也（2014）『地方消滅』、中公新書

吉川洋（2012）『高度成長　日本を変えた六〇〇〇日』、中公文庫

Brynjolfsson, E. and A. McAfee（2011）, *Race Against the Machine*, Lightning Source Inc., 村井章子訳『機械との競争』、日経ＢＰ社（2013）

参考文献

第１章

青木和夫（1965）『日本の歴史３　奈良の都』、中央公論社

伊原弘・梅村坦（1997）『世界の歴史７　宋と中央ユーラシア』、中央公論社

ウィクセル、クヌート（1901）橋本比登志訳『経済学講義Ｉ　一般理論』、日本経済評論社（1984）

大内兵衛・有澤廣巳・脇村義太郎・美濃部亮吉（1955）『日本経済図説』、岩波新書

加藤繁（1944）『支那経済史概説』、弘文堂書房

鬼頭宏（2000）『人口から読む日本の歴史』、講談社学術文庫

澤田吾一（1927）『奈良朝時代民政経済の数的研究』、冨山房、復刻版、柏書房（1972）

土屋喬雄（1949）『近世日本　封建社会の史的分析』、御茶の水書房

長谷川真理子（2015）「進化生物学からみた少子化——ヒトだけがなぜ特殊なのか」『學士會会報』No.915, 2015-IV, November.

藤田菜々子（2010）『ミュルダールの経済学』、ＮＴＴ出版

ミュルダール、グンナー（2015）藤田菜々子訳『ミュルダール福祉・発展・制度』、ミネルヴァ書房

Anderson, Michael（1988）, *Population Change in North-Western Europe, 1750-1850*, London: Macmillan Education Ltd.

Darwin, Charles（1859）, *On the Origin of Species*, 渡辺政隆訳『種の起源（上）』光文社古典新訳文庫（2009）

Ho, Ping-ti（1959）, *Studies on the Population of China, 1368-1953*, Cambridge, Massachusetts, Harvard University Press.

Keynes, J. M.（1919）, *The Economic Consequences of the Peace*, London: Macmillan, reprinted as CWK, Vol.II, 早坂忠訳「平和の経済的帰結」『ケインズ全集』第２巻、東洋経済新報社（1977）

———（1924）, "Alfred Marshall, 1842-1924", *The Economic Journal*, September, 1924, also in his Essays in Biography, London: Macmillan, reprinted as Chapter 14 of CWK, Vol.X, pp.71-108, 大野忠男訳「人物評伝」『ケインズ全集』第10巻、

吉川 洋（よしかわ・ひろし）

1951年，東京都生まれ．東京大学経済学部卒業後，イェール大学大学院博士課程修了（Ph.D）．ニューヨーク州立大学助教授，大阪大学社会経済研究所助教授，東京大学助教授，東京大学大学院教授を経て，立正大学教授．東京大学名誉教授．専攻はマクロ経済学．

著書『マクロ経済学研究』（東京大学出版会，1984年，日経・経済図書文化賞，サントリー学芸賞）
『日本経済とマクロ経済学』（東洋経済新報社，1992年，エコノミスト賞）
『高度成長』（読売新聞社，1997年，中公文庫，2012年）
『転換期の日本経済』（岩波書店，1999年，読売・吉野作造賞）
『いまこそ、ケインズとシュンペーターに学べ』（ダイヤモンド社，2009年）
『デフレーション』（日本経済新聞出版社，2013年）
など

人口（じんこう）と日本経済（にほんけいざい）
中公新書 2388

2016年8月25日初版
2016年9月30日6版

著　者　吉川　洋
発行者　大橋善光

本文印刷　三晃印刷
カバー印刷　大熊整美堂
製　本　小泉製本

発行所　中央公論新社
〒100-8152
東京都千代田区大手町 1-7-1
電話　販売 03-5299-1730
　　　編集 03-5299-1830
URL http://www.chuko.co.jp/

Published by CHUOKORON-SHINSHA, INC.
Printed in Japan　ISBN978-4-12-102388-9 C1233

中公新書

経済・経営

g1

- 2000 戦後世界経済史　猪木武徳
- 2185 経済学に何ができるか　猪木武徳
- 1936 アダム・スミス　堂目卓生
- 1465 市場社会の思想史　間宮陽介
- 2123 新自由主義の復権　八代尚宏
- 2374 シルバー民主主義　八代尚宏
- 2228 日本の財政　田中秀明
- 2307 ベーシック・インカム　原田　泰
- 1896 日本の経済―歴史・現状・論点　伊藤　修
- 2388 人口と日本経済　吉川　洋
- 2338 財務省と政治　清水真人
- 2287 日本銀行と政治　上川龍之進
- 2041 行動経済学　依田高典
- 1658 戦略的思考の技術　梶井厚志
- 1871 故事成語でわかる経済学のキーワード　梶井厚志
- 1824 経済学的思考のセンス　大竹文雄
- 2045 競争と公平感　大竹文雄
- 2124 日本経済の底力　戸堂康之
- 1657 地域再生の経済学　神野直彦
- 2240 経済覇権のゆくえ　飯田敬輔
- 2064 通貨で読み解く世界経済　小林正宏・中林伸一
- 2219 人民元は覇権を握るか　中條誠一
- 2145 G20の経済学　中林伸一
- 2132 金融が乗っ取る世界経済　ロナルド・ドーア
- 2111 消費するアジア　大泉啓一郎
- 2199 経済大陸アフリカ　平野克己
- 290 ルワンダ中央銀行総裁日記（増補版）　服部正也